Citations historiques expliquées

Des origines à nos jours

Chez le même éditeur

- *Comprendre l'hindouisme,* Alexandre Astier
- *Petite histoire de l'Inde,* Alexandre Astier
- *Les maîtres spirituels de l'hindouisme*, Alexandre Astier
- *Communiquer en arabe maghrébin*, Yasmina Bassaïne et Dimitri Kijek
- *Le Coran*, Ghaled Bencheikh
- *QCM de culture générale*, Pierre Biélande
- *Le christianisme*, Claude-Henry du Bord
- *La philosophie tout simplement*, Claude-Henry du Bord
- *Comprendre la physique*, Frédéric Borel
- *Marx et le marxisme*, Jean-Yves Calvez
- *Comprendre le catholicisme*, Jean-Yves Calvez, Philippe Lécrivain
- *L'histoire de France tout simplement*, Michelle Fayet
- *Comprendre l'ésotérisme*, Jean-Marc Font
- *Einstein*, Guy Louis-Gavet
- *Citations de culture générale expliquées*, Jean-François Guédon et Hélène Sorez
- *Psychologie de base*, Ghéorghiï Grigorieff
- *QCM Histoire de France*, Nathan Grigorieff
- *Citations latines expliquées*, Nathan Grigorieff
- *Philo de base*, Vladimir Grigorieff
- *Religions du monde entier*, Vladimir Grigorieff
- *Les philosophies orientales*, Vladimir Grigorieff
- *La Torah*, Philippe Haddad
- *Les mythologies tout simplement*, Sabine Jourdain
- *Comprendre les crises financières*, Olivier Lacoste
- *Découvrir la psychanalyse*, Édith Lecourt
- *Citations littéraires expliquées*, Valérie Le Boursicaud Podetti
- *L'histoire des civilisations tout simplement*, Éliane Lopez
- *Comprendre l'islam*, Quentin Ludwig
- *Comprendre le judaïsme*, Quentin Ludwig
- *Comprendre la kabbale*, Quentin Ludwig
- *Le bouddhisme*, Quentin Ludwig
- *Les religions tout simplement*, Quentin Ludwig
- *La littérature française tout simplement*, Nicole Masson
- *Dictionnaire des symboles*, Miguel Mennig
- *Histoire du Moyen-Âge*, Madeleine Michaux
- *Histoire de la Renaissance*, Marie-Anne Michaux
- *Les mots-clés de la géographie*, Madeleine Michaux
- *La culture générale tout simplement,* Madeleine Michaux
- *Découvrir la philosophie antique,* Cyril Morana et Eric Oudin
- *Chopin*, Sylvie Oussenko
- *Schumann*, Sylvie Oussenko
- *L'opéra tout simplement*, Sylvie Oussenko
- *Découvrir la franc-maçonnerie*, Alain Quéruel
- *Citations philosophiques expliquées,* Florence Perrin et Alexis Rosenbaum
- *L'Europe*, Tania Régin
- *200 femmes de l'histoire*, Yannick Resch
- *Histoire du XXème siècle*, Dominique Sarciaux
- *QCM d'économie*, Marion Stuchlik et Jean-François Guédon
- *QCM Histoire de l'art*, David Thomisse
- *Comprendre le protestantisme*, Geoffroy de Turckheim
- *Petite histoire de la Chine*, Xavier Walter

Jean-Paul Roig

Citations historiques expliquées

Troisième tirage 2010

EYROLLES

Éditions Eyrolles
61, Bd Saint-Germain
75240 Paris Cedex 05
www.editions-eyrolles.com

Mise en pages : Istria

ISBN 978-2-212-54022-2

Sommaire

Introduction

Notre univers est peuplé de citations historiques ou contemporaines. « Responsable mais pas coupable », aurait dit un jour Georgina Dufoix. Cette citation court aujourd'hui sur Internet ; elle apparaît en copié-collé sur les blogs, les forums de discussion et les sites en « encyclopédie libre et participative », souvent accompagnée de commentaires rageurs sur la lâcheté des politiques. Pour autant, les milliers de références qui propagent la rumeur n'en font pas un fait, car cette citation lapidaire est inexacte ; ou alors les guillemets n'ont plus aucun sens. De plus, citée hors contexte, on lui fait dire précisément l'inverse de ce qu'elle signifie, c'est-à-dire le sens de la responsabilité politique.

Ce petit ouvrage se propose de décrypter 150 citations puisées dans un large patrimoine. Avec toujours un souci prioritaire : partir de la source, et signaler, lorsqu'il le faut, si celle-ci est considérée comme douteuse par les spécialistes eux-mêmes.

L'outil Internet est la pire des choses. C'est aussi la meilleure. Depuis peu, on accède en quelques clics, parfois gratuitement, à une base d'archives écrites, sonores ou visuelles chaque jour plus étoffée. Les sites les plus consultés pour cet ouvrage ont donc naturellement été ceux de l'Institut national de l'audiovisuel (*ina.fr*), de la Bibliothèque nationale de France (*gallica.bnf.fr*), de Radio France (*radiofrance.fr*), du journal *Le Monde* (*lemonde.fr*) ou encore de l'Assemblée nationale (*assemblee-nationale.fr*). Leurs archives sont particulièrement riches. On n'a pas non plus négligé les sites étrangers de Radio Canada (*radio-canada.ca*), de la BBC (*news.bbc.co.uk*), de la Société américaine de la

Grande Guerre (*worldwar1.com*), ou encore du Vatican (*vatican.va*), pour ne donner que quelques exemples. Le lecteur qui souhaite retrouver l'ouvrage ou le document contenant la citation, écouter la bande originale ou voir la vidéo, pourra tirer profit des sources indiquées systématiquement. Elles donnent la référence du site Internet lorsqu'elle a été retrouvée, ou celle du livre, qui reste heureusement indispensable pour les citations antérieures au XXe siècle. Ceci n'a pas tué cela.

Voici donc des mots historiques et politiques puisés aux meilleures sources et commentés avec le souci de la précision. On souhaite au lecteur d'y prendre d'abord du plaisir, et parfois d'être étonné. Neil Armstrong, par exemple, n'a pas dit, en posant le pied sur la lune : « C'est un petit pas pour l'homme, un bond de géant pour l'humanité. » En tout cas, pas exactement, et cela change pas mal de choses. Winston Churchill a fait une erreur de géographie en plaçant le Rideau de Fer de Stettin à Trieste. Paul Quilès, lui, s'est trompé sur la date, lorsqu'il réclamait que les têtes tombent. Les mots « La France a perdu une bataille ! Mais la France n'a pas perdu la guerre ! » n'ont pas été prononcés par De Gaulle dans son Appel du 18 juin 1940. « Ce n'est pas la girouette qui tourne, c'est le vent », disait Edgar Faure. Unanimement salué pour ce bon mot, l'homme à la pipe s'est bien gardé de révéler sa source. Intrigué(e) ? Allez donc voir à l'intérieur.

Première partie

L'Antiquité

« Qu'ils me haïssent, pourvu qu'ils me craignent. »

Atrée, roi de Mycènes, entre 1400 et 1200 av. J.-C.

Lucius Accius, fils d'un esclave affranchi, composa des tragédies latines inspirées des légendes et des mythes grecs. Au IIe siècle av. J.-C., la république romaine mettait peu à peu la main sur l'ensemble de la Méditerranée, annexant notamment la Grèce et la Macédoine. Mais la civilisation hellénique restait la référence culturelle de cet empire en construction.

Accius mit ces paroles dans la bouche du roi de Mycènes Atrée (appelé « Atarssiyya » par ses voisins hittites), qui régna par la terreur, disant, selon la légende : « Qu'ils me haïssent, pourvu qu'ils me craignent. » Supplices, attentats, trahisons, cannibalisme, infanticides... ce tyran employa tous les moyens pour se maintenir au pouvoir, au point que le soleil, rapporte encore la légende, se détourna de sa route, horrifié par tout ce qu'il voyait. Ses descendants, les Atrides (Agamemnon, son fils, et Oreste, son petit-fils), reproduisent dans les tragédies classiques athéniennes (Ve siècle av. J.-C.) tous ces crimes et bien d'autres avec une grande constance. Leur sang est maudit.

Des tragédies d'Accius, il ne reste que quelques minces fragments, dont la devise royale mycénienne. Cicéron la cite au siècle suivant : « Nous voyons, par le théâtre, quel a été le sort de ceux qui ont dit : "Qu'ils me haïssent, pourvu qu'ils me craignent". » En pleine guerre civile après l'assassinat de César, l'orateur et ancien consul visait ainsi directement son adversaire Marc Antoine.

« Qu'ils chantent, pourvu qu'ils paient »

En 1648, au début de la Fronde, le Premier ministre Mazarin était attaqué dans de nombreux libelles rimés (les mazarinades), qui dénonçaient son projet de nouvel impôt. Le cardinal fit ce simple commentaire, inspiré d'Atrée : « Qu'ils chantent, pourvu qu'ils paient. »

Sources : Lucius Accius, *Fragments*.
Cicéron, *Première philippique*, XIV.

« La fortune sourit aux audacieux. »

Turnus, au XIIe siècle av. J.-C.

Ce vers figure dans *L'Énéide*, la grande œuvre inachevée de Virgile, publiée peu après sa mort, en 19 av. J.-C. Dans cette épopée des origines, l'écrivain rattache l'histoire romaine au mythe troyen.

Un peu plus de mille ans plus tôt, Troie avait été vaincue par la coalition des Achéens, et le Troyen Enée s'était enfui. Après une traversée périlleuse, le fugitif voulut s'installer en Italie. Virgile s'inspire ainsi du retour d'Ulysse chanté par Homère sept siècles avant lui, mais la perspective est inversée : tandis qu'Ulysse rentra en vainqueur dans son royaume qu'il devait reconquérir, Enée arriva en vaincu sur une terre inconnue, le Latium, qu'il devait conquérir.

À l'annonce du débarquement de la petite armée conduite par le Troyen, le général Turnus, bouillant neveu du roi Latinus, se rua sur son adversaire. Il trouva quand même le temps de haranguer ses troupes : « Vous pouvez culbuter l'ennemi sous vos coups. Mars en personne est entre vos mains (...). Courons de nous-mêmes à la mer, pendant que, tout tremblants, ils font leurs premiers pas sur le sol ! La fortune sourit aux audacieux ! » Mais le Latin téméraire fut tué par le Troyen en combat singulier.

Le vers, immortalisé par Virgile dans un sens ironique, était déjà un dicton très populaire, employé auparavant par Térence (vers 190-159 av. J.-C.) et par Cicéron (106-43 av. J.-C.). Il était si populaire que l'orateur le citait en abrégé ! Mais chez Virgile, ces mots avaient également un sens politique contemporain, aujourd'hui oublié. En effet, une douzaine d'années plus tôt, la fortune avait fui Marc Antoine, qui avait la réputation d'être un grand audacieux, mais parfois imprudent et brouillon. Une sorte de nouveau Turnus. En revanche, elle avait souri à son adversaire Octave Auguste, certes audacieux, mais toujours réfléchi. *L'Énéide* est donc aussi une célébration du culte impérial rendu au nouvel Enée, digne successeur du roi Latinus (Jules César).

Source : Virgile, *L'Énéide*, X, 284.

« Rien de nouveau sous le soleil. »

Le roi SALOMON, vers 930 av. J.-C.

Salomon régna une quarantaine d'années sur Israël, de 970 à 930 av. J.-C. environ. Il a bâti le temple de Jérusalem et noué des alliances commerciales avec l'Égypte pharaonique et la cité phénicienne de Tyr au Liban. *L'Ancien Testament* en fait un grand sage et lui attribue (en fait tardivement) des poésies et des proverbes.

Dans *L'Ecclésiaste*, Salomon dresse un bilan de sa vie aux accents terriblement pessimistes. « Vanité des vanités, tout est vanité », se désole-t-il. « Tout est ennuyeux. Ce qui fut, cela sera ; ce qui a été fait se refera. Il n'y a rien de nouveau sous le soleil. Il ne reste pas de souvenir d'autrefois ; pas plus qu'après, il n'y aura de mémoire pour l'avenir. » Plus loin : « J'en viens à me décourager pour toute la peine que j'ai prise sous le soleil », et aussi, « je regarde encore toute l'oppression qui se fait sous le soleil ». Finalement, « tout a été fait de la poussière, et tout retourne à la poussière ».

L'archéologie est venue apporter un nouvel éclairage sur ce texte apocryphe. Salomon régnait en fait sur un territoire beaucoup moins puissant que celui décrit dans la Bible. Les rébellions et les tensions sociales ont constamment menacé son pouvoir chancelant, au point que certains archéologues n'hésitent pas à faire de lui un simple roitelet perché dans les montagnes de Judée... Après sa mort, cet État instable éclata d'ailleurs en deux blocs : le royaume de Juda autour de Jérusalem (au sud), et celui d'Israël autour de Sichem (au nord).

Source : Bible hébraïque (Ancien Testament), *L'Ecclésiaste*.

« Qui se ressemble s'assemble. »

Homère, au VIIIe siècle av. J.-C.

C'est l'un des plus vieux adages de l'Antiquité gréco-romaine, que l'on retrouve sous plusieurs formes imagées. Homère, le poète aveugle de la Grèce archaïque, l'a utilisé dans *L'Odyssée*, long poème chantant les exploits d'Ulysse (*Odysseus*). Après la victoire des Achéens sur les Troyens, le héros grec se met en route vers son île d'Ithaque. Il lui faudra dix ans pour arriver à destination.

Ulysse, déguisé en mendiant, se fait conduire chez lui par un porcher. « Voici qu'un misérable conduit un autre misérable, et c'est ainsi qu'un dieu réunit les semblables ! Ignoble porcher, où mènes-tu ce mendiant vorace, vile calamité des repas, qui usera ses épaules en s'appuyant à toutes les portes, demandant des restes et non des épées et des bassins ? », s'écrie un chevrier en rencontrant les deux hommes en haillons.

Une formule reprise par les philosophes

À l'époque classique (V^e^ et IVe siècles av. J.-C.), Platon puis Aristote utilisent également l'adage « Qui se ressemble s'assemble », précisant ironiquement « geai contre geai » (le geai est un célèbre prédateur de nids, connu aussi pour ses cris stridents).

Au Ier siècle av. J.-C., Cicéron emploie lui aussi cette formule dans un sens pessimiste : « J'ai souvent entendu les plaintes de mes contemporains – suivant un vieux proverbe, on s'assemble volontiers quand on se ressemble –, des personnages consulaires tels que Caïus Salinator, Spurius Albinus, se lamenter parce qu'il leur fallait renoncer aux plaisirs sans lesquels ils ne concevaient pas la vie, et aussi parce que les gens qui, précédemment, s'empressaient auprès d'eux les délaissaient. » Et le peuple de Rome, à la même époque, utilise une autre variante animalière : « L'âne frotte l'âne. »

Sources : Homère, *L'Odyssée*, chant XVII.
Cicéron, *De la vieillesse*, III.

« Un général vraiment grand n'aime pas la guerre. »

Confucius, aux VIe-Ve siècles av. J.-C.

Le philosophe chinois Kong-Fou-Tséou est plus connu en Occident sous son nom latin Confucius (vers 551-479 av. J.-C.). Près d'un siècle avant Socrate, il a laissé des *Entretiens*, qui furent compilés par ses disciples après sa mort. Comme le maître athénien, il n'a pas légué une seule ligne de sa main.

La philosophie confucéenne dresse le modèle d'un homme modéré et équilibré, bienveillant pour ses congénères, en un mot, humaniste. D'origine noble mais vivant modestement, Confucius obéit au pouvoir établi ; mais il peut être incisif à l'occasion, et n'hésite pas à dire son fait à l'impudent.

« Un général vraiment grand n'aime pas la guerre », estime-t-il dans l'un de ses entretiens. Il n'accorderait, selon ses propres mots, aucune confiance à un militaire prêt à combattre un tigre à mains nues ou à traverser le Fleuve jaune à la nage. À son époque, la Chine était déchirée par les guerres incessantes que se livraient des royaumes rivaux ; c'était une féodalité débridée qu'aucun empereur n'avait encore pu contrôler. Celui qu'on appelait Maître Kong précisa sa pensée sur la guerre dans un autre entretien : « L'homme de bien situe la justice au-dessus de tout. Un homme qui a la bravoure mais qui ignore la justice sera un rebelle. » Et si en plus, il est médiocre, conclut Confucius, alors il ne sera qu'un brigand.

À la fin du IIIe siècle av. J.-C., la dynastie Han s'imposa à la tête de l'empire chinois. Ces empereurs qui aimaient la guerre reconnurent à Confucius le titre de « roi sans royaume » et lui accordèrent un culte officiel quasi-religieux.

Source : Confucius, *Entretiens*.

« L'argent est le nerf de la guerre. »

Thucydide, au ve siècle av. J.-C.

Le stratège (c'est-à-dire le général) athénien Thucydide (vers 460-400 av. J.-C.) commença à écrire l'*Histoire de la guerre du Péloponnèse* alors même qu'il combattait sur le front. Fin connaisseur des affaires militaires et politiques, il constata ce qui est toujours vrai vingt-cinq siècles plus tard : « L'argent est le nerf de la guerre. » Dans sa lutte contre la cité de Sparte, c'est précisément l'argent qui manquait à Athènes. Cette brillante cité fut en effet dépeuplée puis ruinée par une épidémie de fièvre typhoïde (que Thucydide appelle « peste »). Le mal emporta son chef Périclès en 429 av. J.-C. La guerre mit fin aux plus belles années du siècle d'Athènes, tournées vers la démocratie, la philosophie, les arts plastiques et le théâtre.

Une formule reformulée

Au IIIe siècle av. J.-C., le philosophe scythe Bion de Borysthène (du Dniepr) estime que la richesse est le nerf des affaires. Belle lapalissade ! Cicéron utilisa la formule en latin dans ses *Philippiques* (44 av. J.-C.) dirigées contre Marc Antoine : « Ce projet a-t-il d'autre objet que de fournir largement à notre ennemi, pour la guerre civile, toutes les armes nécessaires ? D'abord, le nerf de la guerre, de l'argent en immense quantité dont il manque aujourd'hui ; puis de la cavalerie autant qu'il voudra. »

Au XVIe siècle, c'est François Rabelais qui a joliment traduit la formule en français dans son *Gargantua* : « Attendez la fin de cette guerre, car l'on ne sait quelles affaires pourraient survenir. Guerre faite sans bonne provision d'argent n'a qu'un soupirail de vigueur. Les nerfs des batailles sont les pécunes. »

Sources : Thucydide, *Histoire de la guerre du Péloponnèse*, VI, 34.
Diogène Laërce, *Vie de Bion*.
Cicéron, *Cinquième philippique*, V.
Rabelais, *Gargantua*, ch. 46.

« Le vin et les enfants disent la vérité. »

Alcibiade, vers 416 av. J.-C.

Dans le traité philosophique du *Banquet*, Platon met en scène son maître Socrate. Le philosophe athénien devise librement de l'amour et du bonheur avec quelques convives, dont l'auteur de comédies Aristophane. Le stratège et dirigeant athénien Alcibiade (vers 450-404 av. J.-C.) surgit alors en titubant parmi les invités, couvert de violettes et de lierre, et demande : « Acceptez-vous de boire avec un homme qui a déjà beaucoup bu ? Vous moquerez-vous de moi parce que je suis ivre ? »

Pressé de faire à son tour un discours sur l'amour, Alcibiade confesse la passion qu'il a jadis éprouvée pour l'étude, mais aussi son amour secret pour son maître d'études, Socrate : « Je ne sais si quelqu'un a vu les beautés qui sont en lui, mais moi je les ai vues, et elles m'ont paru si divines, si éclatantes, si belles, si merveilleuses... » Hélas, le sage ne consentit jamais à le prendre pour amant, malgré sa jeunesse et sa beauté physique. Alcibiade tente alors, de façon particulièrement décousue, de justifier cet aveu insolite : « Car, comme dit le proverbe, le vin et les enfants disent la vérité, avec ou sans la bouche. » Ce phraseur éméché mêle ainsi deux adages grecs : « Le vin révèle la vérité » (*in vino veritas,* diront par la suite les Latins), et « La vérité sort de la bouche des enfants. »

L'ivresse n'a pas d'âge

« Tous, vous avez pris votre part du délire philosophique et de ses ivresses, poursuit Alcibiade. Aussi, vous me pardonnerez mes actes d'alors comme mes propos d'à présent ! » Lointaine époque où un dirigeant politique de premier plan pouvait librement revendiquer des propos de table et un comportement dissolu... Impossible aujourd'hui ? Si, heureusement. En août 2007, le chef de l'opposition australienne Kevin Rudd a admis avoir effectué une virée nocturne très arrosée dans un club de strip-tease. Il a été aussitôt absous par l'opinion publique.

Source : Platon, *Le banquet*.

« Malheur aux vaincus. »

Brennus, en 390 av. J.-C.

Après avoir pillé et incendié Rome, en 390 av. J.-C., les Gaulois assiègent la colline fortifiée du Capitole, où se sont réfugiés les sénateurs et les tribuns avec une partie des habitants. Un premier assaut déclenché au petit matin échoue. Puis les oies sacrées, élevées sur les pentes du Capitole par les augures du temple, déjouent un assaut nocturne en cacardant à tout-va.

Au Ier siècle av. J.-C., l'historien romain Tite-Live raconte l'épilogue du siège de Rome. Brennus, « roitelet gaulois », accepte après sept mois de lever le camp contre un tribut de mille livres d'or (environ 327 kg). « À cette terrible humiliation s'ajouta un affront supplémentaire : les poids apportés par les Gaulois étaient faux. Et comme le tribun [Quintus Sulpicius] protestait, le Gaulois ajouta son épée dans la balance et prononça cette phrase insupportable pour un Romain : “Malheur aux vaincus” (*vae victis*) ! » Mais l'arrivée d'une armée de secours conduite par le dictateur Camille met les Gaulois en déroute et permet de restituer leur trésor aux Romains.

Le Second Empire de Napoléon III a fait de Brennus un héros national. Avec trois siècles d'avance, ce chef gaulois vengeait la défaite subie par Vercingétorix et Ambiorix face aux légions de Jules César. Bien entendu, l'anecdote sur Brennus, expédiée en quelques lignes dans les manuels scolaires, ne parlait pas du désastre qui suivit le mot fameux.

Le Bouclier de Brennus

Le Bouclier de Brennus, brandi chaque année depuis 1892 par les champions de France de rugby, porte cette devise : *Ludus pro patria* (« le jeu pour la patrie »). En fait, il doit son nom à Charles Brennus (1859-1943), dirigeant de club et graveur-ciseleur du trophée. Son vrai nom était Crosnier. Né précisément sous le Second Empire, il avait reçu les prénoms de Charles Brennus Ambiorix.

Sources : Tite-Live, *Histoire romaine*, V, 48.
Plutarque, *Vie de Camille*, XXVIII.

« Pas un jour sans une ligne. »

Apelle, au IVe siècle av. J.-C.

Dans la seconde moitié du IVe siècle av. J.-C., le peintre grec Apelle de Cos était réputé pour la finesse de ses lignes. Il fit le portrait, entre autres rois, de Philippe de Macédoine puis de son fils et successeur Alexandre le Grand. Celui-ci l'admirait sans borne ; il se répandait dans son atelier en paroles oiseuses sur l'art et sur le talent. Pas courtisan pour un sou, le peintre lui demanda gentiment de se taire, car il faisait ricaner les apprentis qui broyaient les couleurs. Alexandre obtempéra.

Quatre siècles plus tard, en l'an 77, Pline l'Ancien résume la vie du maître dans la partie de *L'Histoire naturelle* consacrée à la peinture : « Apelle avait une habitude à laquelle il ne manquait jamais : c'était, quelque occupé qu'il fût, de ne pas laisser passer un seul jour sans s'exercer en traçant quelque trait ; cette habitude a donné lieu à un proverbe », à savoir « pas un jour sans une ligne ».

L'écrivain latin fit sien le précepte du peintre grec, appliqué à la littérature. Pline l'Ancien composa en effet dans sa vie plus de cinq cents ouvrages sur tous les sujets ! Sans parler de ses 160 recueils de notes, écrites recto verso, d'une écriture fine et serrée... Pendant ses repas, il se faisait faire la lecture par un esclave et prenait des notes. Un jour, un ami invité à sa table demanda au lecteur de reprendre un passage où sa langue avait fourché. Grande fut la fureur de Pline contre le convive : « Vous aviez compris, alors pourquoi recommencer ? C'est plus de dix lignes que votre interruption nous a fait perdre ! »

Sources : Pline l'Ancien, *Histoire naturelle*, XXXV (La peinture), 35-36.
Pline le Jeune, *Lettres*, III, 5.

« Ôte-toi de mon soleil. »

Diogène, en 335 av. J.-C.

En 335 av. J.-C., les Grecs assemblés dans l'isthme de Corinthe désignent le roi de Macédoine, Alexandre III, comme chef de l'expédition militaire contre les Perses. À vingt ans, le jeune homme vient de succéder à son père Philippe II sur le trône d'un royaume en pleine expansion.

Celui qu'on appellera bientôt Alexandre le Grand apprécie la compagnie des philosophes. N'a-t-il pas eu Aristote comme précepteur ? Il souhaite donc tout naturellement rencontrer Diogène le Cynique, célèbre pour son mode de vie dépouillé (il vit dans un tonneau aux abords de Corinthe, sans écuelle ni gobelet) et son refus des conventions (il fait ses besoins en public).

Plusieurs historiens de l'Antiquité, comme Plutarque et Diogène Laërce, ont décrit cette scène : allongé au soleil, à proximité du gymnase où il dispense son enseignement, cet homme de près de 80 ans relève la tête à l'approche de la foule. Après l'avoir salué le premier, Alexandre lui demande s'il a besoin de quelque chose. « Oui, répond tranquillement Diogène. Ôte-toi un peu de mon soleil. » Sur le chemin du retour, les moqueries des courtisans finissent par indisposer le roi de Macédoine. « Eh bien moi, leur dit-il enfin, si je n'étais pas Alexandre, je voudrais être Diogène. »

Peu après, la prophétesse de Delphes annonça à Alexandre qu'il était invincible. Sans doute le Conquérant se souvint-il quelques années plus tard, en descendant le fleuve Indus, que sa toute-puissance sur les hommes ne pouvait rien contre la liberté d'un seul vieillard, Diogène, dont le nom signifie littéralement « né de dieu ».

Sources : Plutarque, *Vie d'Alexandre*, XIV.
Diogène Laërce, *Vie de Diogène*.

« Encore une victoire semblable et nous sommes perdus. »

Pyrrhus, en 279 av. J.-C.

Au début du IIIe siècle avant J.-C., les Romains étendent leur influence en direction du sud de l'Italie. La cité de Tarente, qui domine cette région appelée « Grande Grèce », se sent menacée. En 281 av. J.-C., elle lance un appel à l'aide à Pyrrhus, roi d'Épire. À la tête d'un État situé au nord-ouest de la Grèce, ce roi ne cache pas ses ambitions de reconstituer un empire grec vers l'Orient comme vers l'Occident, à la suite d'Alexandre le Grand.

Débarqué en 280 av. J.-C. avec 30 000 hommes et une vingtaine d'éléphants, Pyrrhus défait les légions romaines sur le golfe de Tarente à Héraclée. Puis il pousse son avantage en fondant sur Rome. Mais ses immenses pertes ne sont pas compensées par les ralliements qu'il a obtenus en chemin. Après avoir fait demi-tour, il doit à nouveau affronter les Romains l'année suivante dans les Pouilles, à Asculum. Pyrrhus, blessé au bras, a toujours l'avantage. Mais à ceux qui le félicitent, il répond : « Si nous remportons encore une victoire sur les Romains, nous sommes perdus. » Car, précise Plutarque, 3 500 de ses soldats ont été tués, ainsi que la plupart de ses amis et de ses généraux. Quant aux Romains, sous l'effet de la colère, ils recrutent de nouveaux hommes dans le pays « comme à une source intarissable ». Après une longue campagne en Sicile puis à nouveau sur la péninsule, le roi d'Épire est défait en 275 av. J.-C. Il doit se replier vers la Grèce.

Pour les Romains, une « victoire à la Pyrrhus » devient proverbiale : c'est un avantage en trompe-l'œil qui annonce la défaite finale. Le dicton avait aussi le mérite de masquer l'ampleur des victoires grecques sur le sol italien, pourtant bien réelles pendant quelques années. Sous l'influence des Romains, nous avons oublié le nom grec de ce roi : Pyrrhos, c'est-à-dire « de feu ».

Source : Plutarque, *Vie de Pyrrhus*, XXI.

« L'homme est un loup pour l'homme. »

Plaute, vers 212 av. J.-C.

L'auteur latin Titus Maccius Plautus (Plaute, vers 255-184 av. J.-C.) place l'action de sa *Comédie des ânes* en Grèce. Le pays de Sophocle et d'Aristophane était alors la référence culturelle et théâtrale indépassable pour la république romaine. Rome était certes victorieuse sur le champ de bataille, mais elle était encore bien mal dégrossie en ce qui concerne la littérature. Plaute s'était spécialisé dans les grosses farces populaires jouées sur les forums ou au bord des chemins.

La scène représente donc un marchand qui refuse de confier de l'argent à un inconnu. Celui-ci essaie bien de le rassurer en disant « je suis homme, aussi bien que toi », « et il n'y a personne à Athènes à qui l'on puisse faire autant confiance », mais le commerçant met fin aux négociations en usant d'un adage populaire pour toute réponse : « L'homme est un loup pour l'homme. » Il précise toutefois : « quand on ne sait pas qui il est ». La formule complète est donc moins pessimiste pour le genre humain qu'il n'y paraît d'ordinaire.

Le nom de cet auteur est d'ailleurs comique, sans ambiguïté : Maccius évoque une « grosse mâchoire », un « lourdaud » (*maccus*), et Plautus signifie « aux pieds plats ». Ces qualificatifs, sans doute choisis par l'homme de théâtre ou imposés par la *vox populi*, indiquent bien son projet : faire rire. Et pourtant, la postérité a retenu de son œuvre une phrase qui semble être celle d'un philosophe cynique. On lui a attribué dans l'Antiquité jusqu'à 130 pièces, dont seulement une vingtaine ont été conservées.

Source : Plaute, *La comédie des ânes*, Acte II, scène IV.

« Ventre affamé n'a point d'oreilles. »

Caton l'Ancien, en 184 av. J.-C.

Caton l'Ancien, dit aussi le Censeur (234-149 av. J.-C.), est une figure importante de la Haute Antiquité romaine. Cet orateur brillant passe pour un exemple de rigueur morale, à la vie simple et austère. En latin, *cato* évoque d'ailleurs un esprit vif et avisé. Le personnage se réclame d'une république égalitaire, agricole et conquérante, luttant contre la débauche et le luxe qui gagnent la société. C'est l'un des derniers gardiens d'une Rome sur le point de disparaître, menacée par sa propre expansion et par le pouvoir grandissant des généraux.

Le Censeur condamnait avec mépris les plaisirs de la table et se méfiait des actions commandées par les sens. Ainsi, son biographe Plutarque rapporte cette anecdote : le peuple romain réclamait, à cor et à cri, une nouvelle distribution de blé non prévue par l'État. Caton s'opposa énergiquement à cette mesure démagogique, adressant de vifs reproches à ses concitoyens : « Il est difficile de parler à un ventre, citoyens, car il n'a pas d'oreilles. » Il lança aussi à un homme obèse : « À quoi peut servir à la patrie un corps où, du gosier à l'aine, tout l'espace est occupé par le ventre ? »

Le héraut du printemps

Dix-huit siècles plus tard, La Fontaine adapta la formule en vers octosyllabiques dans sa fable « Le milan et le rossignol ». Pris dans les griffes du rapace, le « héraut du printemps » veut l'amadouer en lui sifflant sa plus belle chanson. « Vraiment, nous voici bien : lorsque je suis à jeun, tu me viens parler de musique », lui rétorque le milan. Sa conclusion est sans appel pour le malheureux rossignol : « Ventre affamé n'a point d'oreilles. »

Sources : Plutarque, *Vie de Caton l'Ancien*, VIII et IX.
La Fontaine, *Fables*, « Le milan et le rossignol ».

« Il faut détruire Carthage. »

Caton l'Ancien, vers 150 av. J.-C.

Au IIIe siècle av. J.-C., deux puissances s'affrontent pour le contrôle de la Méditerranée : Rome sur la rive nord et Carthage sur la rive sud (l'actuelle Tunisie). Deux guerres puniques (c'est-à-dire carthaginoises) donnent l'avantage aux Romains. Mais en quelques décennies, Carthage parvient à se relever : elle devient à nouveau cette puissante cité agricole, commerçante et culturelle, qui pourrait un jour remettre en cause l'hégémonie latine.

À Rome, un homme se lève. Inlassablement, l'ancien censeur Caton rappelle aux sénateurs le danger punique. Tous ses discours, quel qu'en soit le sujet, se terminent par cette formule invariable : « Et de plus, je crois qu'il faut détruire Carthage. » Mais face à lui, Scipion Nasica, un sénateur pacifiste, conclut ses interventions par la formule inverse : « Je crois que Carthage doit subsister. »

Plutarque raconte comment Caton réussit à convaincre les sénateurs de la proximité du danger : il laissa tomber de sa toge quelques grosses figues bien fraîches puis les fit admirer de plus près par l'assemblée. « Le pays qui produit ces fruits, indiqua-t-il, est à trois jours de bateau. » En 146 av. J.-C., Carthage fut rayée de la carte par le général Scipion Emilien.

« Il faut détruire Bagdad »

Depuis, la formule symbolise toutes les guerres préventives de l'Histoire. En 2002-2003, elle se déclinait sous la forme « Il faut détruire Bagdad. » On se souvient que le 5 février 2003, juste avant la guerre, le secrétaire d'État américain Colin Powell brandit une fiole à l'appui de sa démonstration, en pleine Assemblée générale de l'ONU. Cette fiole (heureusement inoffensive, comme on l'apprit plus tard) était sensée contenir le terrible bacille du charbon (anthrax) produit massivement par l'Irak. Le geste de Caton venait d'être réinventé.

Sources : Plutarque, *Vie de Caton l'Ancien*, XXVII.
Discours de Colin Powell à l'ONU, Journal de 20h de France 2, du 5 février 2003 (*ina.fr*).

« Ô temps ! Ô mœurs ! »

CICÉRON, en 63 av. J.-C.

En 70 av. J.-C., Cicéron a 36 ans. C'est déjà un avocat célèbre. Au nom de plaignants siciliens, il plaide contre Verrès, l'ancien gouverneur de l'île, pillard et violent. C'est pour l'avocat l'occasion d'une belle envolée sur la morale politique. « Au milieu de ces abus des gens les plus coupables, de la plainte quotidienne du peuple romain, de l'infamie des tribunaux, du discrédit de tout l'ordre sénatorial », Cicéron veut tout simplement agir pour le salut commun et soulager la république. Accablé par les mots et par les preuves, Verrès préfère s'exiler pour Marseille. Tout auréolé de ses plaidoiries, Cicéron est bientôt élu édile, c'est-à-dire chargé d'administrer Rome.

Sept ans plus tard, l'avocat développe le même thème mais dans des circonstances tragiques. En 63 av. J.-C., il est l'un des deux consuls de la république (à la tête de l'État pour un an). Menacé de mort, il dénonce une conjuration devant les sénateurs. « Jusqu'à quand, Catilina, abuseras-tu de notre patience ? », lance-t-il au chef des conjurés, qui siège tranquillement parmi ses collègues. « Ô temps ! Ô mœurs ! Cela, le Sénat le sait, le consul le voit. Néanmoins, cet homme vit. Que dis-je, il vit ? Il vient au Sénat, on l'associe aux délibérations communes, il marque, il désigne d'un coup d'œil chacun de ceux qui sont parmi nous promis à l'assassinat ! » Cette première *Catilinaire*, bientôt suivie de trois autres, entraînera la fuite puis la mort de Catilina. Cicéron y gagne le titre de « père de la patrie ».

Des médecins avides

« Ô temps ! Ô mœurs ! » : Jean de la Fontaine glissa lui aussi ces mots dans un poème *(Les quiproquos)* et une fable (« Le cerf malade »). « J'ai beau crier, tout le monde se fait payer », constate amèrement le cerf de la fable, affamé par d'avides « médecins du corps et de l'âme ».

Sources : Cicéron, *La divination*, III. *Première catilinaire*.
La Fontaine, *Fables*, « Le cerf malade ».

« Aujourd'hui, Lucullus dîne chez Lucullus. »

Lucullus, vers 60 av. J.-C.

À la fin de la période républicaine, dans la première moitié du Ier siècle avant J.-C., le général romain Lucius Lucinius Lucullus s'illustra sur tous les fronts, en Grèce, en Orient, en Égypte et en Afrique du Nord. Mais en 63 av. J.-C., marginalisé par Pompée puis écarté par les intrigues de Rome, il se retira dans sa villa du Latium, parmi les richesses pillées au cours de sa longue carrière.

Plutarque décrit le raffinement de cette retraite, remarquant au passage combien les repas quotidiens de Lucullus sentaient le nouveau riche : lits couverts de pourpre, coupes ornées de pierres précieuses, salles à manger variées et luxueuses, chœurs et intermèdes musicaux… « Voilà à quoi Lucullus employait insolemment sa richesse, comme une captive barbare », juge l'historien. Et comme tous les nouveaux riches, il en tirait une grande fierté.

Un jour, ses esclaves ne dressèrent qu'une seule table car il dînait seul ; le repas était très ordinaire. Furieux, le général en retraite convoqua son maître d'hôtel. Celui-ci expliqua en bredouillant que, faute d'invités, il avait pensé que son maître se satisferait d'un service réduit. « Comment ?, s'étrangla Lucullus. Tu ne savais donc pas qu'aujourd'hui, Lucullus dîne chez Lucullus ? »

S'il n'y avait eu que les victoires militaires, le général Lucullus serait aujourd'hui bien oublié, connu des seuls spécialistes de l'Antiquité. Mais grâce à son goût immodéré pour la bonne chère, les délices de Lucullus sont passés à la postérité.

Source : Plutarque, *Vie de Lucullus*, XLI.

« Les dés sont jetés. »

Jules César, en 49 av. J.-C.

Depuis sa victoire en 52 av. J.-C. à Alesia, l'*imperator* (c'est-à-dire le général) Jules César règne sur les Gaules en proconsul. Mais à Rome, c'est un autre *imperator* glorieux, Pompée, qui est élu consul unique avec les pleins pouvoirs. Grâce à l'appui du Sénat, il retire son commandement à César et l'empêche de postuler aux prochaines élections.

Celui-ci refuse le coup de force de son ennemi et pousse son armée vers le Rubicon. Ce fleuve de l'Adriatique, que l'on a longtemps appelé simplement *Fiumicino*, « petit fleuve », marque la limite sacrée entre la Gaule cisalpine (la plaine du Pô) et l'Italie proprement dite (la péninsule). Jules César hésite. Il sait qu'une fois ce mince cours d'eau franchi, il sera perçu à Rome comme sacrilège. Une nouvelle guerre civile serait alors inévitable. Soudain, un géant surgi de nulle part arrache une trompette des mains d'un soldat et passe sur l'autre rive en sonnant la marche. « Allons où nous appellent les signes des dieux et l'injustice de nos ennemis. Les dés sont jetés (*alea jacta est*) », lance aussitôt César à ses cohortes. Ce prodige bienvenu efface donc le sacrilège.

Les historiens Suétone et Plutarque ont rapporté ces paroles un siècle et demi plus tard. Pourtant, César, dans son propre récit (*La guerre civile*), n'évoque ni le mot ni même le passage du Rubicon ! Car rappeler cet épisode, c'était aussi reconnaître l'illégalité de son action et avouer des tendances anti-républicaines, lui qui, selon ses propres mots, « a toujours fait passer l'intérêt de l'État avant les liens d'ordre privé ».

Sources : Suétone, *Vie de César*, XXXII.
Plutarque, *Vie de César*, XXXII.
Appien, *Guerres civiles*, II, 35.

« Je suis venu, j'ai vu, j'ai vaincu. »

Jules César, en 47 av. J.-C.

Un an après la mort de Pompée, César quitte l'Égypte et se lance dans une nouvelle expédition à la tête de trois légions, car Pharnace II, roi du Bosphore cimmérien (la Crimée) et ancien protégé de Pompée, a débarqué sur la rive opposée de la mer Noire, en Turquie actuelle. Prudemment, la légion commandée par l'ancien consul Cnaeus Domitius Calvinus se replie en bon ordre devant l'envahisseur. La bataille décisive se jouera près de la cité de Zéla (aujourd'hui Zile), dans la province du Pont.

Dans une lettre à son ami romain Amantius (ou Matius, selon les copies transmises au Moyen Âge), Jules César annonce sa victoire en trois mots : *Veni, vidi, vici* (« Je suis venu, j'ai vu, j'ai vaincu »). Plutarque, qui écrit en grec, remarque qu'en latin ces mots ont une brièveté et une sonorité qu'on ne retrouve dans aucune langue. Stratège militaire, César est aussi un grand communicateur. À son retour, le Sénat lui offre un nouveau triomphe (il en a eu cinq en tout !). Suétone rapporte qu'un écriteau affichant ces trois mots ouvrait son cortège, alors que traditionnellement, on y rédigeait un récit détaillé de la victoire.

Une formule modernisée

Racine a puisé son inspiration chez Suétone (*Vie de Titus*) pour écrire *Bérénice* en 1670. Il mit cet alexandrin dans la bouche d'Antiochus : « Titus, pour mon malheur, vint, vous vit et vous plut. » Avec Racine, le coup de foudre amoureux prend le pas sur le triomphe des armes.

En 1856, Victor Hugo titra un poème des *Contemplations* de façon plus apaisée : *Veni, vidi, vixi* (« Je suis venu, j'ai vu, j'ai vécu »).

Sous l'Occupation (1940-1944), quelques audacieux écrivirent sur les murs *Veni, vidi, Vichy*, façon de railler le maréchal Pétain, qui n'avait plus les épaules d'un vainqueur.

Sources : Suétone, *Vie de César*, XXXVII.
Plutarque, *Vie de César*, L.

« Toi aussi, mon fils ? »

Jules César, en 44 av. J.-C.

César cumule les fonctions et les honneurs. Vainqueur de son rival Pompée (tué pendant sa fuite vers l'Égypte) puis des derniers Pompéiens, le général est désormais « dictateur à vie » de la république. Il bénéficie en outre de l'immunité réservée aux tribuns de la plèbe. Ses adversaires l'accusent de préparer son couronnement, car sur le Capitole, sa statue a été placée à côté des sept rois légendaires de Rome. Au Sénat, on s'active. Le vieil ordre républicain ne peut pas disparaître sans résistance.

Pendant les ides de mars, en pleine séance, un groupe de sénateurs se jette sur lui, l'épée en main. Ironie du destin, César va mourir dans la curie de Pompée, au pied de la statue de son ancien ennemi. Selon Suétone (toujours friand d'anecdotes), il lâche ces quelques mots après avoir reconnu Marcus Brutus parmi ses assaillants : « Toi aussi, mon fils ? » En fait, c'est son fils spirituel, car il entretient depuis vingt ans une relation adultère avec Servilia, la mère de Brutus. Plutarque rapporte simplement qu'après avoir crié et s'être débattu, César reconnut Brutus parmi ses agresseurs. Il se couvrit alors la tête de sa toge et cessa de se défendre. Lucius Brutus avait fondé la république près de cinq siècles auparavant. En voulant la sauver, son descendant Marcus Brutus précipita sa fin. Dante a placé l'assassin dans son *Enfer*, aux côtés de Judas.

La formule symbolise désormais la trahison ou le reniement, lorsqu'elle concerne un dirigeant et son père spirituel. Le « meurtre » politique est le prix à payer, semble-t-il, pour que les jeunes loups puissent exister face à leurs glorieux aînés. Depuis deux mille ans, le geste de Brutus – et la réponse de César – n'a rien perdu de son actualité. Chacun reconnaîtra qui lui plaît.

Sources : Suétone, *Vie de César*, LXXXII.
Plutarque, *Vie de César*, LXVI.

« L'amour triomphe de tout. »

Virgile, en 37 av. J.-C.

Virgile (70 av. J.-C. – 19 av. J.-C.) fut, avant même Horace et Tite-Live, le grand écrivain du « siècle d'Auguste ». Il chanta les louanges du maître de Rome, depuis l'époque où l'on appelait encore le jeune homme « Octave » jusqu'à celle où il devint le premier empereur, sous le nom d'« Auguste ».

En latin, *amor* (« amour ») est l'anagramme inversée de *Roma*. C'est donc un palindrome formel, aurait aussitôt précisé Georges Perec, qui en a joué avec brio. En 37 av. J.-C., tout lecteur des *Bucoliques* pouvait très facilement comprendre ce vers dans un sens clairement politique : « L'Amour – Rome, c'est-à-dire Octave, maître de la ville – triomphe de tout. Nous aussi, cédons à l'Amour ! » Car la même année, l'Empire fut partagé entre les deux héritiers de César : à Octave, Rome et l'Occident ; à Marc Antoine, Alexandrie et l'Orient.

Mais Virgile est un grand écrivain, et il a glissé un second sens caché dans la formule. Amour était aussi une divinité furieuse qui pouvait faire perdre la raison et parfois la vie. Le vers prend alors un sens pessimiste : la déraison triomphe de tout... Cédons à la déraison.

Plus tard, dans les *Géorgiques* (28 av. J.-C.), Virgile écrivit au sujet des sociétés humaines qu'un « travail acharné a triomphé de tout ». Cela était beaucoup plus conforme à la propagande d'Auguste, désormais seul aux commandes dans tout l'Empire. Car après un demi-siècle de guerres civiles, il fallait sans plus tarder ramener la paix et la prospérité dans les consciences.

Sources : Virgile, *Les Bucoliques*, X. *Les Géorgiques*, I.

« Profite du jour présent. »

Horace, en 23 av. J.-C.

Comme Lucius Accius au siècle précédent, Horace (65 av. J.-C. – 8 av. J.-C.) était le fils d'un esclave affranchi. Il devint l'un des meilleurs poètes de son époque, tenu pour l'égal de Virgile. Chantre de l'empereur Auguste, il célébra la douceur de vivre enfin retrouvée après plusieurs décennies de guerres civiles et de combats des chefs. Le vieux système républicain était mort, mais il fallait en préserver l'apparence. En quelque sorte l'embaumer avec les honneurs.

« Tandis que nous parlons, le temps jaloux aura fui ; cueille le jour sans te fier le moins du monde au lendemain », écrit-il dans sa *Première ode*. Cette phrase pourrait s'apparenter à un manuel de savoir-vivre d'après-guerre. Mécène, l'ami d'Auguste et richissime protecteur des arts et des lettres, lui offrit une villa près de Tivoli, dans la campagne romaine, mais Horace sut se contenter d'un bonheur tout simple : « Trois esclaves me servent un plat de poireaux, de pois chiches et quelques gâteaux frits (...). Puis je vais dormir sans le souci de me lever tôt le lendemain (...). Je reste au lit jusque vers dix heures, puis je vais me promener, ou bien, après avoir écrit ou lu ce qui me plaît, je réfléchis. Je me fais masser à l'huile. »

L'expression *Carpe diem* – « cueille le jour » ou, si l'on préfère, « profite du jour présent » –, associe deux petits mots qui expriment la dualité conflictuelle du destin humain : faut-il se consacrer au travail avec abnégation ou jouir librement du bonheur de vivre ? Certains ont résolu ce dilemme : ils cueillent la nuit, portant leur fardeau social pendant le jour.

Sources : Horace, *Première ode. Première satire*, 6.

« Hâte-toi lentement. »

Auguste, à la fin du Ier siècle av. J.-C.

Selon son biographe Suétone, le premier empereur romain (63 av. J.-C. – 14 ap. J.-C.) avait l'habitude de formuler ce conseil à ses généraux : *festina lente* (« hâte-toi lentement »). Toujours avide de citations, il accompagnait ce précepte d'un vers grec d'Euripide, « Chez un chef, prudence vaut mieux que témérité », ou encore, « On fait toujours assez vite ce que l'on fait assez bien. » Pourtant, sa vie fut marquée par la précipitation.

Apprenant à Apollonie l'assassinat de son grand-oncle et père adoptif Jules César en 44 av. J.-C., le jeune Octave se précipite vers Rome pour réclamer sa part du pouvoir. Puis, poussé par le seul intérêt, il proscrit l'un des derniers républicains authentiques, l'ancien consul Cicéron, qu'il feignait quelques jours plus tôt de vénérer comme un père. Après avoir défait son rival Marc Antoine en 31 av. J.-C., il se fait appeler « *Augustus* » quatre ans plus tard, ce qui signifie « consacré par les augures », c'est-à-dire les présages célestes, dont il raffolait. Mais il veut aussi qu'on l'acclame en tant qu'« *Imperator Caesar* » (« général César »), son modèle pour l'éternité. L'empereur Auguste déploie une activité intense : il réaménage la capitale, crée partout des ports, des forts et des routes, et fonde les institutions impériales.

Des noms inoubliables

Cette ardeur à remodeler le monde a incité très tôt les historiens à qualifier ces quarante années de « siècle d'Auguste ». Jules César avait laissé son nom au cinquième mois de l'année romaine (juillet). Son successeur a logiquement donné le sien au mois suivant (août).

Sources : Euripide, *Les Phéniciennes*, vers 599.
Suétone, *Vie d'Auguste*, XXV.

« Varus, rends-moi mes légions ! »

AUGUSTE, en l'an 9

Après avoir consolidé les frontières nord-africaines et orientales de l'Empire romain, l'empereur Auguste essaie de repousser les limites du Rhin vers l'Elbe, en Europe centrale. En quelques années, une série d'expéditions permettent d'annexer la Germanie, aux nombreuses tribus remuantes.

Mais en l'an 9, le général Varus, qui gouverne la nouvelle province d'une main de fer, est attiré dans un guet-apens par Arminius, ce chef germain élevé comme otage à Rome, qui s'était pourtant officiellement rallié à l'ordre augustéen. À l'est du Rhin, dans les forêts marécageuses de Teutoburg, trois légions (la XVIIe, la XVIIIe et la XIXe) sont anéanties par les Germains, soit environ 25 000 combattants avec les forces de cavalerie auxiliaire. Varus se suicide. Suétone raconte qu'à la nouvelle de cette catastrophe, Auguste, abattu, se laissa pousser la barbe et les cheveux pendant plusieurs mois. Il porta le deuil à chaque anniversaire du plus grand désastre de l'armée romaine depuis deux siècles. « De temps à autre, ajoute l'historien antique, il se frappait la tête contre la porte en hurlant : "Quintilius Varus, rends-moi mes légions !" » Un cri de désespoir et d'impuissance pour l'empereur, qui meurt cinq ans après sans avoir reconquis la Germanie.

À l'origine de l'Allemagne

Désormais, la frontière de l'Empire (le *limes*) se construira sur le Rhin. Seules quelques incursions punitives franchiront parfois cette ligne fortifiée. L'essentiel de la Germanie conserve donc son indépendance pour plusieurs siècles. C'est d'ici que viendront les grandes invasions des IVe et Ve siècles. Sous le nom d'Hermann, Arminius devient, à partir du XVIe siècle, le premier héros national allemand. Une sorte de Vercingétorix germanique, mais vainqueur, lui.

Source : Suétone, *Vie d'Auguste*, XXIII.

« Quel artiste périt avec moi ! »

Néron, en 68

Empereur vaniteux et tyrannique, Néron était aussi un amoureux des arts. Passionné de peinture, de sculpture grecque et orientale, il avait toutefois une prédilection pour les représentations publiques. Sur la scène, il était tantôt comédien, joueur de flûte, mime, danseur ou chanteur. À l'occasion, il conduisait un char dans les courses de chevaux du cirque. L'empereur accueillait les ovations et les premiers prix avec une feinte modestie.

Suétone, qui dresse un portrait à charge parfois invraisemblable, indique que Néron interdisait à la foule de sortir d'un théâtre où il se produisait. Certaines femmes, précise-t-il, accouchaient lors des représentations. D'autres se faisaient passer pour morts afin d'être – quand même – évacués du spectacle !

Mais les caprices sanglants de l'empereur, qui s'accentuèrent pendant les dernières années, finirent par lasser puis inquiéter ses alliés. Après quatorze ans de règne, le Sénat déclara Néron ennemi public. Prévenu, celui-ci refusa de prendre la fuite, adoptant ainsi la posture stoïque jadis professée par son ancien maître Sénèque, qu'il avait poussé au suicide. Il ordonna que l'on creuse une tombe et la fit même garnir de quelques plaques de marbre. En attendant les cavaliers dépêchés pour le conduire au supplice, il répétait, les larmes aux yeux : « Quel artiste périt avec moi ! » Enfin, il prit la pose et déclama ce vers homérique, tiré de *L'Iliade* : « Le galop des chevaux aux pieds rapides frappe mes oreilles. » Mais ce qui le frappa aussitôt, à sa demande, c'est le poignard de son fidèle secrétaire Épaphrodite.

Source : Suétone, *Vie de Néron*, XLIX.

« L'argent n'a pas d'odeur. »

Vespasien, vers 69-79

L'empereur Vespasien a utilisé de nombreux stratagèmes pour pressurer les contribuables tout au long de son règne (69-79). Car après la guerre civile qui avait suivi la tyrannie de Néron, il fallut d'abord restaurer les finances et les monuments de l'État, puis financer les monuments célébrant le restaurateur… La collecte obligatoire des urines devint une nouvelle source de revenus ; celles-ci étaient vendues aux tanneurs et aux foulons qui utilisaient la vapeur d'ammoniac comme dégraissant. Au XIXe siècle, le mot « vespasiennes » a été forgé à partir d'un contre-sens historique : l'empereur n'a pas inventé les toilettes publiques !

C'est l'historien Suétone qui rapporte l'anecdote de l'impôt sur l'urine. Titus, le fils de l'empereur, fut choqué par ce tribut en nature. Vespasien, lui mettant de l'argent sous le nez, demanda s'il était importuné par l'odeur. Titus admit ne rien sentir. « C'est pourtant le produit de l'urine », précisa son père. À l'époque de Suétone (dans les années 120), le satiriste Juvénal trouvait même une odeur agréable à l'argent : « Les parfums et le cuir, c'est tout un, car l'argent dégage une bonne odeur, d'où qu'il vienne. » Pourtant, chacun connaît bien la désagréable odeur « métallique » des pièces de monnaie…

L'argent a-t-il une odeur ?

Deux chimistes américains ont voulu en avoir le cœur net. En 2006, ils ont analysé des pièces neuves et d'autres usagées, et en ont conclu que seule la monnaie ayant circulé a une odeur. En effet, les lipides de la peau réagissent avec les métaux, dégageant des composés organiques odorants (aldéhydes et cétones). L'argent n'a pas d'odeur : CQFD.

Sources : Suétone, *Vie de Vespasien*, XXIII.
Juvénal, *Satires*, XIV.
Science & Vie, février 2007.

« Malheur ! Je crois devenir dieu ! »

Vespasien, en 79

Dans la mythologie grecque, on nommait « apothéose » la montée vers les dieux des héros défunts. Depuis Jules César, le Sénat avait pris l'habitude de diviniser le maître de Rome aussitôt après sa mort. C'était la suite divine du triomphe qui lui était accordé de son vivant par les hommes. En 79, l'empereur Vespasien sentit peu à peu ses forces le quitter, à la dixième année de son principat.

Suétone raconte les derniers jours de l'empereur dans la courte biographie qu'il lui a consacrée. En plein été, Vespasien est pris de fièvre et est très affaibli par une dysenterie ; celle-ci est causée par un abus d'eau fraîche, croit devoir préciser l'historien. Âgé d'environ 70 ans, l'empereur voit autour de lui les mines qui s'allongent. Il glisse alors, avec l'humour qui le caractérise, « Malheur ! Je crois devenir dieu ! » Il continue néanmoins à vaquer à ses hautes occupations et accorde des audiences allongé sur son lit. Dans un suprême effort pour se lever, il murmure « un empereur doit mourir debout », et rend son dernier souffle soutenu par ses proches.

Petit-fils d'un centurion légionnaire et fils d'un publicain (un financier collecteur d'impôts), Vespasien savait que sa lignée n'avait rien de divin. Proclamé empereur à l'âge de 60 ans, au terme d'une belle carrière politique et militaire, il a su garder du recul par rapport à sa haute fonction. Ses jeunes prédécesseurs Caligula et Néron se prenaient pour des dieux, ce qui ne les empêcha pas de finir misérablement. En délimitant clairement par la loi les domaines de compétence de l'empereur et du Sénat, Vespasien a su, semble-t-il, retenir la leçon.

Source : Suétone, *Vie de Vespasien*, XXIII.

« Du pain et des jeux. »

JUVÉNAL, vers 110-120

Le Latin Juvénal (vers 55-vers 140) fut un satiriste assez obscur, au cœur de la *pax romana* sous les empereurs Domitien, Nerva, Trajan puis Hadrien (qui ont régné de 81 à 138). Cet auteur famélique, ancien professeur d'éloquence, se plantait aux carrefours et déclamait ses poèmes. Dans une langue souvent crue, il moquait les sénateurs ventripotents, les affranchis parvenus ou les bourgeoises dévergondées, ce qui lui attira finalement la disgrâce et sans doute l'exil. Tout un pan de la vie quotidienne à Rome nous est connu grâce à son œuvre.

Alors que la ville devient un gigantesque théâtre où se jouent successivement les farces et les tragédies, Juvénal dresse, dans sa dixième satire, un tableau désabusé du peuple de Rome. « Depuis qu'on ne vend plus les suffrages, il se moque de tout. Lui qui, jadis, distribuait le pouvoir, les faisceaux, les légions, enfin tout, ce peuple déchu ne convoite plus avec anxiété que deux choses : du pain et des jeux ! » Plus loin, le satiriste résume le mal d'une formule : « Plutôt que de vertu, on a soif de gloire ! »

Du pain... Depuis le IIe siècle avant J.-C., l'État distribue de la farine aux nécessiteux, gratuitement ou à prix réduit. Les boulangers sont devenus des fonctionnaires assurant la paix civile, au prix de l'oisiveté d'une grande partie des citoyens... *Et des jeux*. Inauguré en 80 sous l'empereur Titus, le Colisée accueille 87 000 spectateurs. Quant au Circus Maximus, il peut en contenir 250 000, c'est-à-dire le quart de la population romaine ! Les courses de chars ou de chevaux, les spectacles de danse ou de mime et les concours sportifs sont offerts par l'empereur. Les combats de gladiateurs sont donnés par de riches candidats aux magistratures. Les jeux de Rome finissent par occuper la moitié de l'année, jusqu'à 175 jours !

Source : Juvénal, *Satires*, X.

« Un esprit sain dans un corps sain. »

Juvénal, vers 110-120

Depuis l'époque légendaire de la fondation de Rome, l'hygiène et l'activité physique ont une grande importance dans la culture latine. Une activité réglée de paysan en temps de paix et de soldat en temps de guerre, des repas frugaux et une hygiène corporelle irréprochable constituent l'idéal du citoyen républicain. Mais sous l'empire, cet idéal appartient à une époque définitivement révolue.

Le satiriste Juvénal (le patronyme *Juvenalis* signifie « jeune » ou « juvénile ») raille tous ceux qui, au lieu de prier pour avoir « un esprit sain dans un corps sain », déposent dans les sanctuaires les « entrailles et saucisses sacrées d'un blanchâtre cochon de lait ». Il faudrait plutôt demander une âme forte, exempte des terreurs de la mort, et préférer « les épreuves d'un Hercule aux amours, festins et duvet moelleux du roi Sardanapale ». La population romaine n'est plus à ses yeux que « la tourbe dégénérée des enfants de Remus », c'est-à-dire issus du plus faible des fondateurs de Rome, tué par son jumeau Romulus.

Sénèque et les thermes

Traditionnellement, les grands thermes publics comprenaient une piscine, un gymnase, des salles de réunion, une bibliothèque, des boutiques et un jardin pour la promenade. Mais Sénèque, dès les années 60, reprochait aux riches propriétaires de se bâtir des thermes luxueux. Peu à peu, à Rome ou à Baïes, bains et lupanars deviendront synonymes. « Le sage n'ira pas à Baïes, conclut le moraliste, parce que c'est la retraite du vice. » Quant à Juvénal, son admirateur ascétique, il vécut plus de 80 ans, âge vénérable s'il en est.

Source : Juvénal, *Satires*, X.

« La musique adoucit les mœurs. »

Galien de Pergame, à la fin du IIe siècle

La musique n'avait pas une grande place dans l'éducation romaine traditionnelle, davantage tournée vers le travail de la terre et les armes. Les Latins considéraient en effet qu'il s'agissait d'un héritage culturel grec. Un art respectable donc, mais assez désuet après la conquête de la Grèce par les légions romaines.

À Rome, le Grec Claude Galien de Pergame (né vers 131 et mort vers 201) fut le médecin des empereurs Marc Aurèle, Commode et Septime Sévère. On a conservé de lui 162 traités médicaux et philosophiques parmi plusieurs centaines. Cet héritier lointain d'Hippocrate, passionné de pharmacologie, écrivit que la musique refroidissait les humeurs internes, c'est-à-dire les quatre liquides corporels : le sang, la bile, la bile noire et la lymphe. « La musique adoucit les mœurs », en conclut-il. Phrase ô combien célèbre, mais la plupart du temps comprise à contresens : pour le médecin gréco-romain, adoucir signifiait amollir les mœurs. La musique était donc formellement déconseillée aux soldats.

L'évolution du sens

À partir du XVIe siècle, l'usage populaire bonifie le sens de cette expression : la douceur de la musique est désormais utile contre la violence individuelle. Elle devient inséparable de l'humanisme. C'est ce sens qui a subsisté dans notre dicton moderne. Par coïncidence, *Galenos* (Galien) signifie « doux, calme » en grec. Aujourd'hui, les doctorants en pharmacie prêtent le « serment de Galien », à l'instar des doctorants en médecine, qui jurent par Hippocrate.

Source : Galien, *Œuvres anatomiques, physiologiques et médicales*.

« Par ce signe, tu vaincras. »

Constantin, en 312

Le jour commençait à décliner ce 28 octobre 312. Alors qu'il s'apprêtait à affronter son rival Maxence, près du pont Milvius sur le Tibre, l'empereur romain Constantin vit un signe éclatant dans le ciel. Ce signe, que l'on a appelé le « chrisme », était formé de deux lettres grecques superposées : le *khi* (qui se note X) et le *rô* (P). Ce sont les deux premières lettres du mot grec *Christos*, « le Christ », c'est-à-dire l'envoyé ou le messie. Dans cette apparition, l'empereur lut ces mots : « Par ce signe, tu vaincras. »

Constantin fit aussitôt peindre le chrisme sur son étendard. C'est ainsi qu'il devint le premier empereur chrétien. Sa prémonition se réalisa : il écrasa l'armée pourtant plus nombreuse de Maxence, lequel se noya dans le fleuve. Peu après, il se fit confectionner un chrisme d'or et de pierreries. L'année suivante, l'empereur promulgua un édit qui accordait aux chrétiens le droit de pratiquer librement leur culte. Il mettait ainsi fin à plus de deux siècles de persécutions.

Selon l'évêque et historien Eusèbe de Césarée, c'est Constantin en personne qui lui aurait raconté ce miracle, longtemps après les faits.

Une devise victorieuse dans le temps

L'Église sut tirer profit de cet épisode légendaire. Au Moyen Âge, elle produisit un document fabriqué qui se présentait comme le testament de l'empereur. Si le pouvoir impérial de Rome devait un jour s'effondrer, indiquait le pseudo-Constantin, c'est l'évêque de Rome, c'est-à-dire le pape, qui recueillerait l'héritage spirituel et temporel du Christ. Cette « donation de Constantin » autorisait ainsi les papes à lever des armées en toute légitimité et à combattre en arborant le signe impérial victorieux. En 1521 encore, Hernan Cortès conquit l'Empire aztèque en faisant flotter la devise de Constantin sur ses bannières.

Source : Eusèbe de Césarée, *Vie de Constantin*, I, 28.

Deuxième partie

Le Moyen Âge et la Renaissance

« Souviens-toi du vase de Soissons. »

Clovis, vers 486

Après la chute de l'Empire romain d'Occident en 476, plusieurs chefs de guerre se disputent ses lambeaux. Clovis, roi des Francs saliens, dirige un territoire situé tout au nord de la Gaule, avec pour capitale Tournai (en Belgique actuelle). Vers 486, à Soissons, il défait un rival, le roi Syagrius, et règne désormais sur le nord de la Seine.

L'évêque Grégoire de Tours raconte l'épisode un siècle plus tard dans son *Histoire des Francs*. Clovis ne s'était pas encore converti au christianisme mais entretenait déjà de bonnes relations avec la puissante Église de Rome. C'est pourquoi, après le pillage de toute la région qui avait suivi la victoire, il retrancha du butin un magnifique vase liturgique réclamé par un évêque (peut-être Remi de Reims). Clovis s'adressa ainsi à ses troupes : « Je vous prie, mes braves guerriers, de vouloir bien m'accorder, outre ma part, ce vase que voici. » Furieux de voir cet objet de métal précieux échapper au tirage au sort, un soldat le frappa avec sa francisque : « Tu ne recevras ici que ce que le sort t'attribuera vraiment », lança-t-il par défi au roi, qui garda son sang-froid.

Le vase sacré fut sans doute bosselé (et non pas cassé), mais Clovis le renvoya à l'évêque. Un an plus tard, il passa ses troupes en revue. Reconnaissant le guerrier, il le sermonna : « Personne n'a des armes aussi mal tenues que les tiennes, car ni ta lance, ni ton épée, ni ta hache ne sont en bon état. » Aussitôt, il lui arracha sa hache, la jeta à terre puis lui fendit le crâne lorsqu'il se baissa pour la ramasser. Avec ce commentaire : « Voilà ce que tu as fait au vase de Soissons. » Une variante simplifiée a connu un grand succès : « Souviens-toi du vase de Soissons. »

On a parfois vu dans cette scène un trait de rancune, voire de cruauté. Sans doute Grégoire de Tours a-t-il voulu montrer de façon spectaculaire le respect qu'avait ce roi encore païen pour les biens sacrés de l'Église. Et le sort réservé aux impies.

Source : Grégoire de Tours, *Histoire des Francs*, Livre II (*gallica.bnf.fr*).

« Courbe-toi, fier Sicambre. »

SAINT REMI, vers 496

Assez tardivement et sous la pression de sa jeune épouse Clotilde déjà convertie, Clovis choisit d'embrasser le catholicisme romain. Ses ennemis sont aussi des chrétiens, mais ils appartiennent à la secte arianiste. Le roi des Francs, c'est-à-dire des « Libres », fédérant plusieurs tribus germaniques, dont les fameux Sicambres, reçoit le baptême à Reims avec trois mille de ses guerriers, peut-être le jour de Noël 496.

À en croire Grégoire de Tours, l'évêque de Reims saint Remi aurait ainsi apostrophé le roi : « Courbe-toi, fier Sicambre. Adore ce que tu as brûlé, brûle ce que tu as adoré. » En tout cas selon la traduction française habituelle. Car dans le texte original en latin, *Depone colla, Sigamber* signifie littéralement : « Dépose tes colliers, Sicambre. » Peu importe. L'une comme l'autre version n'ont sans doute jamais été prononcées, mais expriment l'autorité morale de l'évêque (et donc de l'Église romaine) sur le roi.

La formule de la Nation

La phrase attribuée à l'évêque de Reims fut ânonnée par tous les écoliers de la IIIe République : par ceux de l'école laïque, d'abord, car elle montrait le moment édifiant où la nation française fut créée d'un coup par le geste de Clovis, une nation définitivement dissociée des brutes païennes de Germanie ; phrase récitée aussi par les élèves de l'école catholique, car elle prouvait que la nation française était bien la « fille aînée de l'Église ».

À la fin du XIXe siècle, l'humoriste Alphonse Allais révéla enfin la fière réplique (si longtemps ignorée) de Clovis à saint Remi : « Cambre-toi, vieux si courbe... » L'honneur était sauf.

Source : Grégoire de Tours, *Histoire des Francs*, Livre II (*gallica.bnf.fr*).

« Qui t'a fait roi ? »

Adalbert, en 996

Adalbert (ou Aldebert selon d'autres manuscrits du Moyen Âge), comte de la Marche et du Périgord, défia, en l'an 996, le roi de France Hugues Capet en refusant de lever le siège de Tours. Le vassal insultait l'autorité de son suzerain.

Selon Adémar de Chabannes (un moine du Limousin ayant composé des chroniques avant 1030), le roi en colère adressa au félon ce rappel à l'ordre féodal : « Qui t'a fait comte ? » Adalbert retourna la question à Hugues Capet : « Qui t'a fait roi ? » Le comte lui rappela ainsi avec insolence la faiblesse de son pouvoir.

Hugues, duc des Francs, avait en effet été élu roi en 987 par une assemblée composée de quelques grands barons du royaume. Mais il prenait la place du duc Charles de Lorraine, prétendant au trône issu de la dynastie carolingienne, c'est-à-dire un descendant de Charlemagne. Près de deux siècles après son règne, l'empereur était devenu une figure légendaire et romanesque. Le prestige d'une ascendance carolingienne était immense. La légitimité capétienne (ou plutôt robertienne, le grand-père d'Hugues Capet, Robert Ier, ayant brièvement occupé le trône en 922-923) était donc contestée. Il avait pourtant été couronné à Reims selon le rite carolingien.

Le roi de France dut lutter contre une coalition de grands seigneurs ralliés au Carolingien. Hugues Capet prit la précaution de faire couronner son fils Robert II dès l'année de son élection. La dynastie capétienne s'installait ainsi sur le trône de France… avec deux rois.

Source : Adémar de Chabannes, *Chroniques*.

« On ne prend pas le roi à la guerre, pas plus qu'aux échecs. »

Louis VI, en 1119

Louis VI a régné en France de 1108 à 1137. Il fut surnommé le Gros, mais aussi le Père des communes, le Justicier, l'Éveillé, ou encore le Batailleur ! Le 20 août 1119, il affronte le roi d'Angleterre et duc de Normandie Henri Ier Beauclerc sur le champ de Brémule (« crottin de mule »), dans l'Eure.

L'abbé Suger, principal ministre et biographe de Louis VI, reconnaît que le roi s'est jeté dans la bataille avec audace, mais sans discernement et surtout de façon totalement improvisée. Face à un dispositif anglo-normand bien ordonné, il est contraint de se replier dans son fief du Vexin, aux Andelys, en se reprochant sa propre légèreté. Un autre contemporain, le philosophe anglais Jean de Salisbury, ajoute cette anecdote : pendant le combat, un soldat normand réussit à saisir la bride du destrier royal, alourdi par la corpulence de son cavalier. « Le roi est pris ! », s'écria l'archer. Mais le roi l'abattit aussitôt d'un coup de masse d'armes, avec cette réplique : « On ne prend pas le roi à la guerre, pas plus qu'aux échecs. »

Belle répartie pleine d'esprit, mais curieusement absente chez Suger. L'historiographe, si favorable à son maître, n'aurait pas manqué de la signaler afin de rehausser cet épisode peu glorieux. Le chroniqueur normand Orderic Vital, qui a pourtant mené une enquête minutieuse, indique seulement qu'un soldat normand s'empara de l'étendard de Louis. Peut-être Jean de Salisbury a-t-il recueilli ce mot après son installation en France en 1136, puis inséré le dialogue dans sa satire politique *Policraticus*, rédigée en 1159. Mais on peut aussi penser que cette saillie de Louis VI, souvent citée, est un enjolivement littéraire. Salisbury n'a-t-il pas écrit : « Un roi illettré n'est qu'un âne couronné » ?

Sources : Jean de Salisbury, *Policraticus*.
Suger, *La geste de Louis VI*, ch. 30.
Orderic Vital, *Histoire de Normandie*, Livre XII (*gallica.bnf.fr*).

« Tuez-les tous ! Dieu reconnaîtra les siens. »

Arnaud Amalric, en 1209

Au début du XIIIe siècle, le pape Innocent III décide d'éradiquer l'hérésie cathare. Dans le Languedoc, région qui échappe en grande partie à l'autorité du roi Philippe-Auguste, l'abbé de Cîteaux Arnaud Amalric (ou Amaury) est à la tête de la croisade albigeoise. Le 22 juillet 1209, le sac de Béziers servira d'exemple aux mécréants.

Le légat du pape refuse de parlementer avec le vicomte Roger Trencavel, protecteur supposé des hérétiques. Certains soldats apprennent que de bons catholiques se trouvent dans la cité : « Que ferons-nous, seigneur ? Nous ne pouvons distinguer les bons des méchants. » La réponse d'Amalric est la suivante : « Tuez-les tous ! Dieu reconnaîtra les siens. »

La phrase est rapportée un peu plus d'une dizaine d'années plus tard par un autre cistercien, Pierre-Césaire de Heisterbach (près de Bonn). Une traduction plus précise du latin serait d'ailleurs « Frappez-les, car le Seigneur connaît les siens », ce que l'on peut lire textuellement dans le *Nouveau Testament* : « Le Seigneur connaît les siens. » (*Deuxième épître à Timothée*, 2-19). Rien d'étonnant, car le livre de Césaire est un recueil de miracles, destiné à édifier les novices dont il a la direction…

Aucun autre chroniqueur ne rapporte ces mots. Certains, comme le cistercien (encore un !) Pierre des Vaux-de-Cernay, ont pourtant mené la croisade aux côtés du légat. Deux documents relèvent le caractère spontané du massacre, sans attendre les ordres. Il est probable que dans cette armée du Nord, l'appât du gain et l'assurance d'être le bras séculier de Dieu aient suffi pour massacrer des milliers d'habitants. Car on partait d'abord à la conquête du Midi occitan, qu'il soit dans la vraie foi ou non.

Source : Pierre-Césaire de Heisterbach, *Dialogue des miracles*.

« Ma couronne au plus brave ! »

Philippe-Auguste, en 1214

En 1214, une grande alliance de princes menace le roi de France Philippe II. Le roi d'Angleterre Jean sans Terre, seigneur d'une mosaïque de fiefs de l'Aquitaine à la Normandie, s'est allié à l'empereur germanique Othon IV. Les comtes de Flandre et de Boulogne, vassaux rebelles au roi capétien, les rejoignent. Le 2 juillet, le roi Jean prend la fuite à La Roche-aux-Moines près d'Angers. Le dimanche 27 juillet, jour du Seigneur en principe exempt de combats, la coalition du Nord attaque le roi dans la plaine de Bouvines, près de Lille.

Le ménestrel de Reims (un chroniqueur et trouvère anonyme) compose vers 1260 la harangue de Philippe II : « Vous êtes tous mes hommes et je suis votre sire. Je vous ai moult aimé, et porté grand honneur, et donné du mien largement, dit le roi à ses barons et chevaliers. Si vous voyez que la couronne soit mieux employée en un de vous qu'en moi, je m'y octroie volontiers, et le veux de bon cœur et de bonne volonté. » À ces mots, tous fondent en larmes. « Sire, pour Dieu merci, répondent-ils, nous ne voulons roi sinon vous. Et chevauchez hardiment contre vos ennemis, et nous sommes appareillés à mourir avec vous. »

On a par la suite vulgarisé cette scène d'abdication symbolique en quelques mots : « Ma couronne au plus brave ! » Pour le roi, offrir sa couronne au plus valeureux, c'est reproduire la coutume de l'élection, désormais désuète. Elle rappelle à tous que son ancêtre Hugues Capet, fondateur de la dynastie, a été élu en 987 par les grands barons parce qu'il était précisément le plus brave. La victoire éclatante de Bouvines, sorte de jugement de Dieu, donnera au roi de France un prestige immense dans la Chrétienté. Il y gagne le surnom de Philippe « Auguste », c'est-à-dire l'égal d'un empereur.

Source : *Chroniques du ménestrel de Reims*, ch. 20 (*gallica.bnf.fr*).

« J'ai de beaux enfants, je les mettrai en gage. »

Blanche de Castille, en 1217

Le 2 juillet 1214 à La Roche-aux-Moines, le roi d'Angleterre Jean sans Terre prend la fuite devant le prince Louis, fils aîné de Philippe Auguste. Replié en Angleterre, Jean doit affronter la révolte des grands barons, qui appellent Louis sur le trône.

Débarqué en 1216, le futur Louis VIII ne parvient pourtant pas à rallier tous les rebelles anglais. Après la mort de Jean sans Terre, Louis tente une nouvelle expédition en mars 1217. Mais il affronte désormais une nation décidée à le jeter à la mer. En France, son épouse Blanche de Castille se rend auprès du roi pour réclamer de l'aide. « Comment, sire, laissez-vous donc votre fils mourir en terres étrangères ?, s'indigne-t-elle. Sire, pour Dieu, il doit être héritier après vous ! » Mais Philippe Auguste refuse tout net de soutenir cette aventure qui complique son action diplomatique. « Par la benoîte Mère-Dieu, rétorque Blanche, j'ai de beaux enfants de mon seigneur ; je les mettrai en gage, et je trouverai bien quelqu'un qui me prêtera sur eux. » Ainsi, elle menace de confier l'éducation de ses enfants à un grand seigneur qui en tirera un immense prestige.

Ce chantage aux héritiers du trône (trois garçons à cette date, Philippe, Louis et Robert) porte aussitôt : « Blanche, je vous donnerai de mon trésor autant que vous voudrez, lui répond Philippe Auguste après l'avoir fait rappeler. Faites-en ce qu'il vous plaira, mais vous devez savoir que je ne lui enverrai rien. »

Une flottille de secours partie de Calais est coulée par les Anglais en août. Louis doit renoncer au rêve anglais. La personnalité de Blanche de Castille est résumée dans ce dialogue. Régente après le décès de Louis VIII, la mère de Saint Louis y exprime sa conception du pouvoir : un rapport de force où tous les coups sont permis.

Source : *Chroniques du ménestrel de Reims*, ch. 20 (*gallica.bnf.fr*).

« Roi ne suis, ni prince, ni duc, ni comte aussi. Je suis le sire de Coucy. »

Enguerrand de Coucy, vers 1220

Enguerrand III de Coucy (1182-1242), dit « le Grand », participe à la croisade contre les Albigeois, puis s'illustre à la bataille de Bouvines, remportée en 1214 par le roi de France Philippe Auguste contre l'empereur germanique Othon IV. Vers 1225, Enguerrand fait de son château de Coucy (Aisne) un témoignage orgueilleux de sa puissance. Les quatre tours d'angle ont la taille du donjon du Louvre, érigé par le Capétien. Le donjon de Coucy, qui culmine à près de soixante mètres, est l'un des plus imposants d'Europe.

En 1226-1227, le seigneur mène la révolte des grands barons contre la régente Blanche de Castille (pendant la minorité de Saint Louis). Un récit contemporain l'accuse même de s'être confectionné une couronne au cas où... Sa devise : « Roi ne suis, ni prince, ni duc, ni comte aussi. Je suis le sire de Coucy. » Il y a du dépit chez celui qui a marié sa fille au roi d'Écosse et se dit issu des Carolingiens. Toute la hiérarchie féodale est énoncée dans cette devise, qui s'achève par le titre le moins prestigieux, sire, c'est-à-dire un simple seigneur, un hobereau. Mais le sire de Coucy a acquis la gloire les armes à la main. Il se pose donc en preux chevalier, non pas en héritier.

La puissante citadelle du sire de Coucy n'est désormais qu'une ruine. En 1917, les Allemands ont dynamité le donjon et les tours d'angle.

Une formule arrogante

En Bretagne, quelques princes de Rohan ont utilisé une devise inspirée du sire de Coucy : « Roi ne puis, duc ne daigne, Rohan suis. »
Au début du XVIIIe siècle, cette formule arrogante, accompagnée de la prétention de se faire appeler « altesse », scandalisa le duc de Saint-Simon dans ses *Mémoires*.

Source : Devise familiale des seigneurs de Coucy.

« Je voudrais bien avoir renom de prud'homme. »

Saint Louis, vers 1260

Au milieu du XIIIe siècle, l'université de Paris, la plus prestigieuse de toute la Chrétienté, est en crise. Comment intégrer dans une même structure des professeurs réguliers (franciscains ou dominicains, appartenant à un ordre mendiant puissant) et les autres, séculiers obligés de faire payer leurs cours pour vivre ? Le roi Louis IX est très pieux et proche des mendiants. Pourtant, en 1257, il décide de créer et de financer un collège qui accueille seize pauvres bacheliers ès arts. Ces doctorants en théologie, bien que séculiers, peuvent ainsi poursuivre leurs études et donner des leçons à l'abri du besoin.

Le roi est très proche de son chapelain Robert de Sorbon, un clerc séculier d'origine modeste, chargé de diriger ce collège. Plus tard, on appellera Sorbonne toute l'université de Paris. Selon le biographe du roi Jean de Joinville, Louis IX appréciait les discussions qu'il avait à sa table avec Robert de Sorbon. « Maître Robert, conclut-il un jour, je voudrais bien avoir renom de prud'homme, mais que je le fusse, et que tout le reste vous demeurât. Car prud'homme est si grande chose et si bonne chose que rien qu'au nommer, il emplit la bouche. »

Les conseils de prud'hommes

Au XIIIe siècle, un prud'homme est un homme preux, c'est-à-dire vaillant. Il incarne l'idéal du chevalier. Celui-ci n'a qu'une parole, donnée à son suzerain sous le regard de Dieu. Mais déjà, c'est aussi dans un sens juridique un homme sage, expert en son domaine. Aujourd'hui, les conseils de prud'hommes gardent le souvenir, pour le monde du travail, de cet idéal de justice voulu par Saint Louis.

Sources : Jean de Joinville, *Vie de Saint Louis*, V.
Dictionnaire historique de la langue française, Le Robert.

« Qui m'aime me suive. »

Philippe VI, en 1328

Le nouveau roi de France Philippe VI est le premier Capétien, depuis la fondation de la dynastie en 987, qui ne soit pas fils de roi. Les trois fils de Philippe le Bel sont en effet morts sans descendance mâle. C'est donc l'un de ses neveux qui récupère la couronne, au détriment de son petit-fils Édouard III, déjà roi d'Angleterre (né de sa fille Isabelle de France).

Ce roi à la légitimité dynastique contestée doit vite affronter la révolte de plusieurs communes flamandes, qui l'appellent « le roi trouvé ». Mais certains de ses barons estiment que l'on est déjà trop avancé dans l'été pour engager les hostilités. Selon les *Grandes chroniques de France* de l'abbaye de Saint-Denis, le connétable Gautier de Châtillon, interrogé par le roi, lui répondit : « Qui a bon cœur trouve toujours bon temps pour la guerre. » Philippe VI lui donna aussitôt l'accolade puis il lança à ses barons : « Qui m'aime me suive ! » Le 23 août, ce roi, victorieux au mont Cassel, montra donc avec éclat qu'il fallait compter avec lui.

Une origine douteuse

En fait, cette phrase a peut-être été prononcée seize siècles plus tôt. Alors qu'il s'avançait toujours plus loin en Inde, Alexandre le Grand affronta lui aussi la mauvaise volonté de ses généraux. Il se plaignit d'être abandonné de tous. Plutarque raconte qu'après l'avoir entendu, ses soldats vinrent vivement lui témoigner leur désir de poursuivre la route avec lui. « Qui m'aime me suive », ou l'éternel charisme du chef. En 1815, le général La Bédoyère se rallia à Napoléon de retour d'Elbe. Il lança lui aussi ces mots à sa troupe, avec succès.

Sources : *Grandes chroniques de France* de l'abbaye de Saint-Denis.
Plutarque, *Vie d'Alexandre le Grand*, LXII.

« Honni soit qui mal y pense. »

Édouard III, vers 1345

En 1340, trois ans après le début de la guerre de Cent Ans, Édouard III se proclama « roi de France et d'Angleterre ». Ce fut le titre officiel du petit-fils de Philippe le Bel jusqu'à sa mort en 1377. La langue française, imposée par la conquête normande puis par la dynastie angevine des Plantagenêt, restait en usage à la cour d'Angleterre.

En 1344, le roi donna un bal au château rénové de Windsor. Au cours d'une danse, rapporte l'historiographe italien Vergilio, sa maîtresse la comtesse de Salisbury perdit sa jarretière bleue, ce qui fit sourire. Édouard ramassa l'étoffe et, l'attachant au genou gauche de sa favorite, prononça ces mots : « Messires, honni soit qui mal y pense ! Tel qui s'en rit aujourd'hui s'honorera de la porter demain, car ce ruban sera mis en tel honneur que les railleurs le chercheront avec empressement. » Le lendemain, il créa le très noble ordre de la Jarretière, avec pour emblème une jarretière azur sur fond d'or, et comme devise « Honni soit qui mal y pense. » Comme dans un tournoi, quatorze chevaliers y étaient en principe admis : le roi (Grand-Maître), le Prince de Galles et douze compagnons. Mais Jean Froissart dénombre quarante chevaliers du « Bleu gartier » (jarretière bleue), siégeant autour d'une table ronde arthurienne reconstruite par Édouard. D'autres chroniqueurs placent l'anecdote en 1346, juste avant la victoire de Crécy. En fait, ce roi ressuscitait une ancienne pratique : le roi Richard Cœur de Lion (1157-1199) avait déjà offert une jarretière de cuir à ses valeureux soldats de la croisade.

Les armes royales sur les passeports britanniques

De la vieille histoire tout cela ? La couverture des passeports britanniques porte encore aujourd'hui les armes royales, avec cette mention inscrite en français (orthographe médiévale comprise) : « Honi soit qui mal y pense. Dieu et mon droit. »

Sources : Polidoro Vergilio, *Histoire d'Angleterre*.
Jean Froissart, *Chroniques*, Livre premier.

« Ouvrez, c'est l'infortuné roi de France. »

Philippe VI, en 1346

La guerre est déclarée depuis une dizaine d'années entre les rois de France et d'Angleterre. Édouard III se prétend l'héritier des Capétiens et se fait appeler « roi de France et d'Angleterre », désignant le Valois Philippe VI comme « soi-disant roi de France ». Cette guerre dynastique, semée de réconciliations et de ruptures, durera plus de cent ans. En 1346, la bataille de Crécy-en-Ponthieu est le premier véritable choc frontal entre les deux armées.

Le 26 août, le combat tourne à la déroute pour les chevaliers restés fidèles à Philippe VI. En fin de journée, le roi prend la fuite et se présente devant le château de la Broye. Jean Lessopier, le seigneur des lieux, demande qui frappe à cette heure. « Ouvrez, ouvrez châtelain, c'est l'infortuné roi de France ! », ordonne Philippe VI, selon la chronique de Jean Froissart. « Infortuné » : la fortune, c'est-à-dire la chance, l'a abandonné. « De sorte qu'il but un coup, et aussi firent ceux qui avec lui étaient, et puis s'en partirent », ajoute le chroniqueur.

L'héritage des rois

La supplique de Philippe VI a nourri une légende : les Valois, qui régnèrent pendant la guerre de Cent ans, étaient des rois maudits, abandonnés de tous. Englués dans les querelles d'héritage et un système féodal centrifuge, les Bourbons, successeurs des Valois, chercheront à faire de leur royaume un État centralisé. Sous la Fronde, l'enfant-roi Louis XIV, fuyant la révolte des Grands à Paris, trouva refuge au château de Saint-Germain, dans la nuit du 5 au 6 janvier 1649. On venait tout juste de célébrer la « Fête des rois » ! Il aurait pu lui aussi prononcer ces mots, une dernière fois.

Source : Jean Froissart, *Chroniques*, Livre premier.

« Bois ton sang, Beaumanoir, la soif te passera. »

Geoffroi de Boves (ou du Bois), en 1351

Depuis la mort du duc de Bretagne Jean III en 1341, deux princes se disputent le duché. Jean de Montfort a l'appui du roi d'Angleterre, et Charles de Blois celui du roi de France. En 1351, à la fin du mois de mars, trente combattants français commandés par Jean-Robert de Beaumanoir, gouverneur de Josselin, défient trente Anglais en garnison à Ploërmel. Le tournoi mortel est organisé sur la lande, près du chêne de Mi-Voie situé entre les deux villes.

« Mais tant se combattirent longuement, écrit Jean Froissart, que tous perdirent force et haleine, et pouvoir entièrement (...). Ils se reposèrent longuement d'une part et d'autre, et il y en eut qui burent du vin qu'on leur apporta en bouteilles, et restreignirent leurs armures qui étaient défaites et fourbirent leurs plaies. » Un trouvère anonyme s'est inspiré de l'événement pour composer l'une des dernières chansons de geste de notre histoire. Mais dans sa version, les chevaliers français ne se désaltèrent pas : « La chaleur fut moulte grande, chacun y sua. De sueur et de sang, la terre fut arrosée. À ce bon samedi, Beaumanoir avait jeûné. Grand soif eut le baron, à boire demanda. Messire Geoffroi de Boves tantôt lui répondit : "Bois ton sang, Beaumanoir, la soif te passera. Ce jour nous aurons honneur. Chacun y gagnera vaillante renommée, qui jamais blâmée ne sera." Beaumanoir le vaillant s'évertua donc, eut tel deuil et telle ire [colère] que la soif lui passa. »

La furia bretonne donna la victoire aux hommes de Beaumanoir. « On n'avait point auparavant, passé cent ans, ouï rapporter chose pareille », s'extasie Froissart.

La colonne des Trente

En 1819, on érigea un obélisque composé de trente blocs de granit sur le lieu du combat, à Guillac (Morbihan). La colonne des Trente est désormais classée monument historique.

Sources : *Ballade de la bataille des Trente*, chanson de geste composée au XIVe siècle par un trouvère anonyme.
Jean Froissart, *Chroniques*, Livre premier, partie II, ch. 7 (*gallica.bnf.fr*).

« Père, gardez-vous à droite ! Père, gardez-vous à gauche ! »

Philippe le Hardi, en 1356

Le 19 septembre 1356, l'armée anglaise, menée par le prince de Galles Édouard (dit le Prince Noir), affronte les Français, conduits par le roi Jean II, épaulé par ses quatre fils. Mais la bataille tourne à la cohue pour les chevaliers français, incapables de gravir le plateau de Maupertuis (« mauvais passage »), au sud-est de Poitiers.

Un officier anglais donne ce conseil au Prince Noir : « Allons droit à votre adversaire le roi de France ; car c'est là qu'est tout le fort de la besogne. Je sais bien que par vaillance il ne fuira point. »

Afin de sauver la lignée des Valois, Jean II ordonne toutefois à ses trois premiers fils, le dauphin (futur Charles V), Louis et Jean, de quitter le combat. Il ne garde auprès de lui que son benjamin Philippe, âgé de 14 ans, « petit de corps, mais grand par l'âme ». Sans arme, l'adolescent crie constamment « Père, gardez-vous à droite ! Père, gardez-vous à gauche ! », et gagne le surnom de « Hardi ».

Après la défaite, Jean II, désormais « le Bon », c'est-à-dire le brave, est incarcéré à Londres. Le royaume, dirigé par le dauphin, est affaibli et en partie dépecé. Quant à Philippe, après quatre ans de captivité avec son père, il reçoit en 1363 un bel apanage : le duché de Bourgogne.

Les ducs de Bourgogne

La vaillance de Philippe le Hardi à Poitiers est l'acte fondateur d'une lignée puissante au sein du royaume. Tous les ducs de Bourgogne adopteront un surnom évoquant le courage. Son fils Jean sans Peur montre une ambition démesurée. Au cœur du XVe siècle, son petit-fils Philippe le Bon, puis son arrière-petit-fils Charles le Téméraire, retourneront leur duché contre le roi de France.

Source : Matteo Villani, *Chronique*.

« Rien ne m'est plus, plus ne m'est rien. »

Valentine Visconti, en 1407

En 1407, le duc Louis d'Orléans, frère du roi Charles VI (tout embrumé de folie), a la haute main sur le conseil royal. Le 23 novembre, il est assassiné par un homme du duc de Bourgogne Jean sans Peur, son cousin et ennemi. Lors de deux audiences en décembre, la duchesse d'Orléans Valentine Visconti se jette, en sanglots, aux pieds du roi. La veuve demande justice. Charles VI, qui est dans une période de rémission, semble touché par sa détresse. Mais il accordera bientôt son pardon au duc de Bourgogne. L'épisode va dégénérer en une longue guerre civile (jusqu'en 1435) entre Orléans-Armagnacs et Bourguignons.

Retirée à Blois, la Milanaise fait graver cette lamentation sur les murs du château et sur son tombeau de la chapelle des Cordeliers : « Rien ne m'est plus, plus ne m'est rien. » Le chroniqueur Monstrelet rapporte sa mort le 4 décembre 1408, un an après le guet-apens de la rue Vieille-du-Temple : « La duchesse d'Orléans (...) trépassa en la ville de Blois, comme on dit, de courroux et de déplaisance de ce qu'elle ne pouvait avoir justice de la mort de son feu bon seigneur et mari, envers le roi frère du dit défunt, ni son conseil contre le duc Jean de Bourgogne. De laquelle mort, icelui duc fut assez joyeux, pour tant qu'icelle duchesse continuait moult âprement et diligemment la poursuite à l'encontre de lui. » Son cœur fut enterré à Paris avec le duc d'Orléans, et son corps à Blois.

Valentine de Milan au jardin du Luxembourg

Valentine de Milan est devenue la figure éternelle de la veuve inconsolable. Aujourd'hui encore, on peut contempler sa belle statue couronnée en pierre blanche au jardin du Luxembourg de Paris. Cette femme cultivée a un gros livre à la main : la force de la loi aura toujours l'avantage sur la force brute.

Source : Enguerrand de Monstrelet, *Chroniques*, Livre premier, ch. 52.

« Laissez passer la justice du roi ! »

Charles VI, en 1417

Frappé d'une crise de folie en 1392, le roi de France Charles VI sombre peu à peu dans l'hébétude, rompue de temps à autre par une période de rémission. La faiblesse du souverain tiraillé entre clans capétiens relance les prétentions anglaises au trône. Puis les Armagnacs et les Bourguignons se déchirent à partir de 1407. Ce seront les pires années de la guerre de Cent ans.

En 1417, Charles le Fol apprend l'infidélité de son épouse Isabeau de Bavière avec messire Louis de Bourdon. Le chroniqueur Enguerrand de Monstrelet (vers 1390-1453) en fait le récit : « Mais tantôt le roi envoya après lui le prévôt de Paris, et lui commanda qu'il le prît et gardât bien, tant qu'il lui en sût rendre bon compte. Lequel prévôt, en accomplissant le commandement du dessus dit roi, fit son devoir, et prit le dit chevalier, et après le mena en Châtelet au dit lieu de Paris, où il fut par le commandement du roi très fort questionné, et depuis noyé en Seine. » La noyade ! Une pratique inédite pour ce roi qui exécutait jusqu'alors les condamnés de façon classique : décapitation, bûcher ou pendaison. Mais le crime était exceptionnel.

La scène historique d'Alexandre Dumas

En 1831, Alexandre Dumas publie une « scène historique de 1417 », intitulée *Laissez passer la justice du roi*, expression devenue proverbiale depuis le XVIIIe siècle. « L'homme au chaperon rouge [le roi] monta sur le parapet du pont, et de là jeta au vent, d'une voix forte, ces paroles sacramentelles : "Laissez passer la justice du roi !" » À la suite du romancier, les historiens du XIXe siècle attribuèrent sans sourciller la citation à Charles VI, avec tous les détails donnés par Dumas : le sac cousu renfermant le condamné et la satisfaction fébrile du roi fou regardant le corps filer sur le fleuve...

Sources : Enguerrand de Monstrelet, *Chroniques*, Livre premier, ch. 175.
Alexandre Dumas, *Isabel de Bavière*, ch. 17-18.

« Va, va et advienne que pourra. »

Robert de Baudricourt, en 1429

En 1428, Jeanne d'Arc, fille d'un laboureur aisé de Domrémy, se présente à Robert de Baudricourt, « capitaine pour le roi » à Vaucouleurs, le chef-lieu. Elle lui fait part de voix intérieures qui lui ordonnent de se rendre à Chinon auprès du jeune Charles VII. Celui-ci a perdu une grande partie de son royaume à cause de l'alliance nouée entre les Anglais et les Bourguignons, qui le surnomment ironiquement « le roi de Bourges ». Il est vrai que ses partisans, les Armagnacs, contrôlent tout juste les terres situées au sud de la Loire ; Orléans, assiégé par les Anglais, constitue le verrou de ce territoire ; s'il saute, le roi anglais pourra franchir la Loire et couper en deux ce fragile royaume.

Jeanne l'a compris. Elle est persuadée qu'elle transcendera l'armée royale afin de libérer Orléans et de sacrer le roi à Reims. Baudricourt renvoie la jeune fille à ses moutons. Mais la pucelle est tenace et revient le voir peu après. Finalement, en février 1429, le capitaine accorde à Jeanne une petite escorte (un chevalier, un écuyer et quatre serviteurs) qui la mènera vers le roi à Chinon. Après tout, que risque-t-on ? Baudricourt n'y croit guère, mais dans cette situation désespérée, la moindre chance doit être saisie. « Va, va et advienne que pourra », lui lance-t-il à son départ.

Pour l'officier royal, le sort de la France est peut-être dans les mains de cette simple jeune fille. Cet « advienne que pourra » signifie que le destin national est dans les mains de Dieu, ce qui est inacceptable pour les ennemis de Charles VII, tout aussi convaincus d'avoir Dieu à leurs côtés. Jeanne d'Arc, femme habillée en homme, ne pouvait donc être qu'une sorcière promise au jugement de Dieu.

Source : *Procès de condamnation de Jeanne d'Arc en 1431*, article 12 du réquisitoire.

« Je suis ici pour bouter les Anglais hors de France. »

Jeanne d'Arc, en 1429

Depuis sa rencontre avec le roi de France Charles VII à Chinon, le 6 mars 1429, la Pucelle s'est donné un seul but au côté de l'armée royale : bouter les Anglais hors de France. Le 22 mars 1429, dotée d'une oriflamme, d'une armure et d'une petite troupe, elle envoie tout simplement un ultimatum au duc de Bedford, régent et oncle du jeune « roi de France et d'Angleterre » Henry VI (titre porté par ses successeurs jusqu'en 1801 !) : « Rendez à la Pucelle, qui est ici envoyée par Dieu le roi du Ciel, les clefs de toutes les bonnes villes que vous avez prises et violées en France. » Plus loin encore : « Je suis ici envoyée de par Dieu le roi du Ciel, corps pour corps, pour vous bouter hors de toute la France. »

On retrouve ce vocabulaire chez le chroniqueur Enguerrand de Monstrelet : « Ainsi elle fut environ deux mois en l'hôtel du roi dessus-dit [Charles VII], lequel par plusieurs fois elle admonestait par ses paroles qu'il lui baillât gens et aide, et elle rebouterait ses ennemis. » Le verbe bouter est lié à l'anglais *to beat*, « frapper ». L'affront ne sera pas oublié par les Anglais : la lettre figure dans l'acte d'accusation du procès qui lui est intenté à Rouen, de janvier à mai 1431.

Le 17 mars 1431, au cours de son huitième interrogatoire, un juge lui posa cette question saugrenue : « Dieu hait-il les Anglais ? » Elle répondit finement : « De l'amour ou de la haine que Dieu a pour les Anglais, ou de ce que Dieu fera à leur âme, je n'en sais rien. Mais je sais bien qu'ils seront tous boutés hors de France, excepté ceux qui y périront. » Sûre de sa cause, la Pucelle se permettait même de faire de l'humour noir !

Sources : *Lettre de Jeanne d'Arc aux Anglais du 22 mars 1429.*
Procès de Jeanne d'Arc en 1431 (8e interrogatoire).
Enguerrand de Monstrelet, *Chroniques*, Livre second, ch. 57.

« Nous avons brûlé une sainte. »

Attribué à **Pierre Cauchon**, en 1431

Au début de l'année 1431, l'évêque de Beauvais Pierre Cauchon, ardent partisan bourguignon et conseiller du jeune roi d'Angleterre Henry VI, est chargé d'organiser le procès de Jeanne d'Arc à Rouen. « Évêque, je meurs par vous ! », s'écrie-t-elle lorsqu'on lui signifie sa condamnation le 29 mai.

Chassé de son diocèse par les partisans armagnacs de Charles VII, l'évêque a en effet instruit un procès à charge, sans avocat de la défense. « Que Jeanne, communément appelée la Pucelle, indique le libelle d'accusation, soit déclarée sorcière ou lectrice de sorts, devineresse, fausse prophétesse, invocatrice et conjuratrice de malins esprits, superstitieuse, impliquée et appliquée aux arts magiques, mal pensante et, au sujet de notre foi catholique, schismatique. »

En 1456, soit vingt-cinq ans plus tard, Charles VII organise un procès en nullité. Il ne sera pas dit qu'il doit son trône à une sorcière. Parmi les témoins survivants, un dominicain révèle qu'un secrétaire du roi d'Angleterre nommé Jean Tressart aurait murmuré : « Nous sommes tous perdus, car une bonne et sainte personne a été brûlée. » Un autre témoin place cette phrase dans la bouche d'un soldat anglais qui aurait vu une colombe sortir du bûcher. On a vu l'évêque de Thérouanne en larmes. Le bourreau lui-même aurait demandé à se confesser dès le soir, craignant pour son âme !

Par la suite, on attribua ces paroles de remords à Pierre Cauchon, mort subitement en 1442. Il est peu probable qu'il ait jamais prononcé une telle phrase. Mais c'était un évêque français, spécialiste en droit canon et recteur de l'université de Paris. Pour sauver l'honneur de l'Église de France, il fallait donc qu'il ait condamné Jeanne dans un moment d'égarement. Près de cinq siècles plus tard, en 1920, celle-ci fut enfin déclarée sainte par l'Église.

Sources : *Procès de condamnation* (1431) puis *Procès de réhabilitation* de Jeanne d'Arc (1450-1456). Ce dernier est consultable sur *gallica.bnf.fr*.

« À cœur vaillant, rien d'impossible. »

JACQUES CŒUR, en 1440

Jacques Cœur, fils d'un pelletier aisé de Bourges, débuta comme changeur au début du XVe siècle avant de diversifier son activité dans la banque internationale, les mines du Forez, le commerce vers l'Italie et l'Orient… Charles VII, moqué comme « petit roi de Bourges » par les Bourguignons et les Anglais, est exilé au sud de la Loire. Jacques est promu maître des monnaies puis argentier du roi, à qui il prête de fortes sommes. Il frappe un gros denier d'argent aussitôt surnommé « le Gros de Jacques Cœur ». De 1443 à 1450, il édifie à Bourges sa « grant' maison » (le palais Jacques Cœur), qui préfigure les belles demeures de la Renaissance.

Anobli, il rachète la seigneurie de Saint-Fargeau avec sa devise, qui lui convient parfaitement. Celle-ci figure toujours sur la façade du pavillon d'entrée de son hôtel de Bourges et dans la chapelle : « À cœur vaillant, rien d'impossible. » Ou plus précisément « À vaillans [cœurs] riens impossible », où le mot cœurs est remplacé par un dessin : deux cœurs marqués d'une croix et enchevêtrés. Façon très moderne de montrer dans une seule image sa foi chrétienne et son amour conjugal. Les bas-reliefs précisent sa politique : « Dire, faire, taire. En bouche close n'entre mouche. »

« Le roi fait ce qu'il peut, Jacques Cœur fait ce qu'il veut », murmure-t-on dans le royaume. Cet entrepreneur provincial décidément très vaillant suscite les jalousies. Ne dit-on pas aussi « riche comme Jacques Cœur » ? Mais la guerre de Cent Ans prend fin et le centre du pouvoir revient peu à peu vers le nord de la Loire. En 1451, Charles VII fait arrêter son puissant créancier, qui sera condamné sous différents prétextes. Dernière pirouette du cœur vaillant : il s'échappe en 1454 et meurt deux ans plus tard sur l'île de Chio, comme amiral du pape dans sa croisade contre les Turcs.

Source : Inscriptions figurant sur l'hôtel de ville de Bourges.

« Car tel est notre plaisir. »

Louis XI, en 1472

Au début de son règne, Charles VI signa une ordonnance datée du 10 août 1381 à Saint-Victor-lès-Paris, avec pour formule finale : « Car ainsi nous plaît-il être fait. »

En 1461, son petit-fils Louis XI utilisa une formule analogue : « Car ainsi le voulons et nous plaît être fait. » Et aussi trois ans plus tard : « Car tel est notre vouloir et franche volonté. » En 1472, la formule est enfin fixée : « Car tel est notre plaisir. » Ses successeurs, dont Charles VIII, François Ier et Louis XIV, l'emploieront telle quelle. Mais à partir du XVIIIe siècle, la phrase « Car tel est notre plaisir » a souvent été interprétée comme le symbole de l'arbitraire royal. On avait oublié que le mot plaisir devait être compris dans son sens médiéval (du latin *placeo*, « je trouve bon ») ; il exprimait bien la ferme volonté d'un homme d'État, et non pas le caprice d'un prince tout-puissant.

Une tradition millénaire

En 1792-1793, les républicains instruisirent le procès du « régime du bon plaisir » de Louis XVI. Car ce roi avait pris l'habitude de conclure ainsi certains de ses actes : « Car tel est notre bon plaisir. » En 1804, Napoléon Ier, nouvel Empereur des Français, reprit à son compte le protocole final de Louis XVI dans les actes impériaux. Cela souleva l'indignation de ses adversaires royalistes, choqués par l'arrogance de ce parvenu. De petite noblesse récente, le Corse n'avait pas l'excuse d'une tradition dynastique millénaire. À la Restauration, les frères de Louis XVI (Louis XVIII et Charles X) se réapproprièrent la formule !

Source : Roger Alexandre, *Les mots qui restent*, 1901 (*gallica.bnf.fr*).

« Qui s'y frotte s'y pique. »

Louis XI, en 1461-1483

Secret et jaloux de son autorité, Louis XI règne de 1461 à 1483. La guerre de Cent Ans est terminée : les Anglais n'occupent plus que la ville de Calais dans le royaume. Mais comme son père Charles VII, le roi doit affronter pendant dix ans une nouvelle rébellion bourguignonne, conduite par le duc Charles le Téméraire.

Louis adopte une devise latine qui lui correspond parfaitement : *Non inultus premor* (« on n'y touche pas impunément », ou, en traduction libre, « qui s'y frotte s'y pique »). Cette devise est empruntée aux ducs d'Orléans, qui l'agrémentent d'un porc-épic. Cet animal sera d'ailleurs l'emblème de Louis XII (un Orléans) à la fin du XVe siècle. Mais Louis XI choisit un autre emblème, le fagot d'épines. Toujours dans cet esprit piquant, il inspire à son médecin astrologue Pierre Choisnet un livre à sa gloire, *Le rosier des guerres* : « Gens d'armes tenus en crainte servent mieux leur prince et le prisent plus », écrit le roi dans la préface dédiée au dauphin.

En 1475, le duc de Bourgogne Charles le Téméraire convoite la Lorraine, un duché impérial aux mains de René II. Le Bourguignon est tué deux ans plus tard en assiégeant Nancy. Après sa victoire, le duc de Lorraine René II reprend la devise du roi de France, qui l'a aidé dans sa reconquête. Il la traduit de cette façon : « Ne me touche pas, je pique. »

Une devise encore d'actualité

Non inultus premor est toujours la devise de Nancy. Sur les blasons, elle est accompagnée du chardon lorrain (la cardère, ou chardon à foulon, était utilisée au Moyen Âge pour carder la laine).

Au début du XIXe siècle, la devise « Qui s'y frotte s'y pique » est devenue proverbiale, comme le mentionne le *Dictionnaire de l'Académie* de 1835.

Source : Pierre Choisnet, *Le rosier des guerres*, préfacé par Louis XI.

« Le temps revient. »

Laurent de Médicis, en 1469-1492

En 1469, Laurent de Médicis, alors qu'il n'a que 20 ans, succède à son père comme prince de Florence. Il demande au plus célèbre artiste de la ville, Andrea del Verrocchio, de peindre son étendard de joute, avec cette devise : « Le temps revient. »

Au siècle d'Auguste, Virgile écrit dans *Les Bucoliques* : « Voici venu le dernier âge de la prédiction sibylline. Voici que recommence le grand ordre des siècles. » Puis le poète latin célèbre « cet enfant dont la naissance va clore l'âge de fer et ramener l'âge d'or dans le monde entier ». La Toscane, c'est la terre ancestrale des Étrusques qui ont transmis leur civilisation aux Romains. Pour eux, le temps était cyclique, segmenté en dix âges ou siècles différents. Au cœur du *Quattrocento*, le prince Médicis a le sentiment d'être le héraut d'un nouvel âge d'or.

Sous l'impulsion du Magnifique, la cité bouillonne de créativité. Les jeunes talents s'y précipitent, de Léonard de Vinci à Michel-Ange. On copie et on réinvente librement les modèles de l'Antiquité gréco-romaine. À l'exemple de Platon, le prince fonde une Académie. Mais avec la maturité, ses poèmes se font pessimistes : « Belle jeunesse jamais ne revient. Le temps perdu jamais ne recommence… »

À sa mort, en 1492, le Génois Christophe Colomb pose un pied sur le Nouveau Monde. Cet Eden recevra le nom d'Amérique, en souvenir du Florentin Amerigo Vespucci. Le marchand voyageur avait fréquenté la Maison de Laurent. Pourtant, l'âge d'or se déplace peu à peu vers la France et l'Espagne. Au XIXe siècle, on appellera cette période « la Renaissance ».

Sources : Poèmes écrits par Laurent de Médicis. Des extraits de ses poèmes se trouvent dans les biographies qui lui sont consacrées, notamment dans celle d'Ivan Cloulas, *Laurent le Magnifique*, 1982.

« Le roi de France ne venge pas les querelles du duc d'Orléans. »

Louis XII, en 1498

En 1485, le duc Louis d'Orléans se rebelle contre son cousin et beau-frère, le jeune roi Charles VIII. La Guerre folle se termine le 28 juillet 1488 sur une défaite humiliante. Au soir de la bataille de Saint-Aubin-du-Cormier en Bretagne, Louis d'Orléans est capturé par Louis de La Trémoille, lieutenant général des armées royales. Il passera trois années en détention. En 1498, Charles VIII meurt sans héritier direct. La couronne passe au duc d'Orléans, désormais Louis XII.

Les courtisans se précipitent pour faire allégeance au nouveau roi. Parmi eux, les bourgeois d'Orléans viennent s'excuser de n'avoir guère soutenu leur duc dans ses querelles passées contre la couronne de France. Ils prient humblement Louis XII de ne pas « égaler le châtiment à la faute ». Sa réponse, rapportée par le chroniqueur Humbert Vellay, exprime un grand sens de l'État : « Il ne serait décent et à honneur à un roi de France de venger les querelles, indignations et inimitiés d'un duc d'Orléans. » Et selon l'écrivain contemporain Jean Bouchet, avant même son couronnement, le roi « manda ledit seigneur de La Trémoille, et, de son propre mouvement, sans aucune requête, le confirma en tous ses états, offices, pensions et bienfaits, le priant lui être aussi loyal qu'à son prédécesseur, avec promesse de meilleure récompense. »

Le Père du peuple

L'attitude du « Père du peuple » deviendra le modèle de tous les nouveaux chefs d'État, soucieux d'oublier les querelles du passé. Le 23 février 1899, sous la IIIe République, la presse annonçait la saisie de 10 000 médailles à l'effigie du duc Philippe d'Orléans, arrière-petit-fils du roi Louis-Philippe et prétendant au trône. Au revers, il avait fait graver : « Je ne vengerai que les injures faites à la patrie. »

Sources : Humbert Vellay, *Chronique*.
Jean Bouchet, *Panégyrique du chevalier sans reproche*, ch. 18 (*gallica.bnf.fr*).

« Tout est perdu, fors l'honneur. »

François Ier, en 1525

Lancé à la reconquête de la Lombardie, François Ier assiège la citadelle de Pavie au sud de Milan. Mais le connétable Charles de Bourbon, prince français rallié à l'empereur Charles Quint, le prend à revers avec une armée de secours. Le 24 février 1525, un bref combat matinal tourne au désastre pour le roi de France, blessé, désarçonné puis capturé l'arme à la main. Le soir même, il écrit à sa mère, la régente Louise de Savoie : « Madame, pour vous avertir comme se porte le ressort de mon infortune, de toutes choses ne m'est demeuré que l'honneur et la vie qui est sauve. »

Un mois plus tard, il adresse une missive secrète aux grands du royaume : « Et soyez sûrs que, comme pour mon honneur et celui de ma nation, j'ai plutôt élu l'honnête prison que l'honteuse fuite. » Dans son *Histoire de France* publiée deux siècles plus tard, le père Daniel (1649-1728) tourna ces fières paroles en une formule incisive : « Tout est perdu, fors l'honneur. »

Le roi chevalier fut libéré après un an de captivité à Madrid, contre la signature d'un traité qu'il s'empressa de renier à son retour en France !

Le maréchal de La Palice fut tué dans ce combat. Pour célébrer sa vaillance, ses soldats imaginèrent une chanson de garnison promise à la postérité : « Monsieur de La Palice est mort, mort devant Pavie. Un quart d'heure avant sa mort, il était encore en vie. » Encore en vie, c'est-à-dire encore bien en vie.

Waterloo : la défaite dans l'honneur

En 1815, Napoléon, silencieux, rentre à Paris après la défaite de Waterloo. Son aide de camp Drouot annonce aux courtisans : « Tout est perdu ! » L'empereur, en sursis, rompt alors son mutisme : « Excepté l'honneur ! »

Sources : *Lettre de François Ier à sa mère Louise de Savoie du 24 février 1525.*
Père Daniel, *Histoire de France*, 1713.

« Parce que c'était lui, parce que c'était moi. »

Montaigne, en 1580

En 1580, sous le règne d'Henri III, Michel de Montaigne pense être au soir de sa vie (à 47 ans !). Dans *Les Essais*, il disserte librement sur tous les sujets, d'abord pour lui-même ; quand il se penche sur sa jeunesse, son chagrin est intact : jamais il ne retrouvera un ami comme Étienne de la Boétie. Ils se comprenaient d'un regard, toute absence leur était souffrance.

Emporté dix-sept ans plus tôt à l'âge de 33 ans par un mystérieux « flux de ventre », La Boétie laissa Montaigne désemparé, car une telle entente se produit « une fois en trois siècles ». En 1570, Montaigne publie en un volume les écrits du cher disparu, des traductions d'œuvres grecques et des sonnets. Il préfère laisser de côté son pamphlet contre la tyrannie, *Le discours de la servitude volontaire*, car, écrit-il, il lui trouve « la façon trop délicate et mignarde » pour l'abandonner « au grossier et pesant air d'une si malplaisante saison ». On est alors en pleine guerre de religion.

Désormais retiré dans la « librairie » de son château familial alors que les déchirements civils continuent autour de lui, Michel de Montaigne entretient le culte de celui qu'il appelle « le plus grand homme de notre siècle ». Un siècle qui compte pourtant quelques génies comme Léonard de Vinci, Nicolas Copernic ou Michel-Ange. « Si on me presse de dire pourquoi je l'aimais, je sens que cela ne se peut exprimer qu'en répondant : parce que c'était lui, parce que c'était moi. » Montaigne exprime ici, en quelques mots, un sentiment personnel pourtant indicible. Dans l'histoire littéraire, on appela longtemps ce sentiment, par bienséance ou par gêne, « amitié ». Aujourd'hui, on ose le nommer par son nom : « amour ».

Source : Montaigne, *Les Essais*, Livre premier, 28.

« Il paraît encore plus grand mort que vivant. »

Henri III, en 1588

Après la journée des Barricades du 12 mai 1588, le roi de France est chassé de Paris par la population. Les guerres de religion ont rendu tout-puissant le duc de Guise Henri, dit le « le Balafré », chef d'une armée catholique fanatisée (la Ligue). Réfugié sur la Loire, Henri III va donc tenter un « coup de majesté » : l'assassinat du prince.

Le roi invite Guise pour une entrevue en son château de Blois. Le 22 décembre, un billet anonyme placé sous une serviette prévient le duc que c'est un guet-apens. « On n'oserait », écrit-il simplement sur ce papier. On osa : le lendemain, une douzaine de gardes, choisis parmi les fidèles « Quarante-cinq », se postent en embuscade derrière une tapisserie. À son passage, ils transpercent le présomptueux venu sans escorte. Le roi, qui attendait dans son cabinet, surgit peu après. Tout à sa vengeance, il donne un coup de pied au visage du mort recouvert d'un simple tapis. Seize ans auparavant, lors du massacre de la Saint-Barthélemy, Henri de Guise avait de la même façon outragé le cadavre de l'amiral de Coligny. Puis, à côté du corps du duc de Guise (près de deux mètres), le roi songe tout haut : « Mon Dieu, qu'il est grand ! Il paraît encore plus grand mort que vivant ! »

Henri III avait vu juste : le 1er août 1589, le moine ligueur Jacques Clément vengea son chef par un régicide. La « guerre des trois Henri » se termina ainsi à l'avantage du seul survivant. Le roi de Navarre, chef des protestants, devint par droit de succession Henri IV, « roi de France et de Navarre ». Dans les faits, il n'était encore qu'un chef de clan.

Source : Pierre de L'Estoile, *Registre journal du règne de Henri III* (gallica.bnf.fr).

« Ralliez-vous à mon panache blanc. »

Henri IV, en 1590

Après l'assassinat du roi Henri III en 1589, la couronne passe à une branche cadette, celle des Bourbons. Le roi de Navarre devient le roi de France Henri IV. Mais il est protestant. Il lui faut donc conquérir sa couronne par une guerre contre les ligueurs catholiques, qui tiennent Paris et une bonne partie du royaume, notamment la Normandie.

Le 14 mars 1590, vers 10 heures du matin, près du village d'Ivry sur l'Eure, le roi s'apprête à livrer bataille contre le duc de Mayenne Charles de Lorraine, frère du duc de Guise assassiné en 1588. La harangue royale est restée célèbre : « Mes compagnons, Dieu est pour nous ! Voici ses ennemis et les nôtres ! Voici votre roi (...). Si vous perdez vos enseignes, cornettes ou guidons, ne perdez point de vue mon panache, vous le trouverez toujours au chemin de l'honneur et de la victoire. »

Acheté cent écus deux ans plus tôt, le fameux casque à panache de grandes plumes blanches, orné d'une améthyste et de perles, porta chance à Henri IV. Après avoir tué un combattant qui portait lui aussi un casque à panache blanc, les ligueurs crièrent victoire. Mais le roi remporta la bataille. La route de Paris était ouverte. Pourtant, la capitale devait encore lui résister quatre ans.

Une tradition ancienne

En fait, il s'agit là d'une vieille tradition remontant à l'Antiquité, dont s'inspire le roi. Ainsi, lors de la bataille contre les Volsques en 423 av. J.-C., l'officier de cavalerie romain Sextus Tempanius lança à sa troupe : « Ralliez-vous à ma lance en guise d'étendard ! Montrez aux Romains et aux Volsques qu'il n'y a pas un cavalier qui vous vaille à cheval, pas un fantassin qui vous vaille à pied ! »

Sources : Harangue d'Henri IV à ses troupes avant la bataille d'Ivry rapportée par Agrippa d'Aubigné, *Histoire universelle* (1616-1626).
Tite-Live, *Histoire romaine*, Livre IV, 38.

« N'y revenez plus ! »

Henri IV, en 1594

Le 22 mars 1594 à 7 heures du matin, Henri IV, en armure complète, prend enfin possession de Paris, « sans effusion de sang ni qu'un seul bourgeois ait reçu incommodité en sa personne ni en ses biens », selon ses propres mots. En réalité, quelques dizaines de lansquenets mercenaires ont été laissés sur le carreau par les troupes royales.

Cette bataille, parmi les dernières des guerres de religion, est le dénouement d'une négociation secrète entre le Bourbon assiégeant et ses ennemis retranchés dans la capitale, ligueurs catholiques et soldats du roi d'Espagne Philippe II. Henri IV attribue au gouverneur parisien Charles de Brissac, contre sa reddition « douce et gracieuse », la somme colossale de 1 695 000 livres et la dignité de maréchal. Quant aux 4 000 soldats de Philippe II, Espagnols, Wallons et Napolitains, ils prennent le chemin du retour à 3 heures de l'après-midi, en défilant, étendards levés. « Messieurs, recommandez-moi à votre maître. Allez-vous en, à la bonne heure, mais n'y revenez plus ! », leur lance alors le roi du haut de la fenêtre de la Porte Saint-Denis qu'ils franchissent. Il est désormais maître chez lui, mais à court d'argent.

Le 26 mars, le roi écrit avec satisfaction au gouverneur de Pluviers en Périgord : « Je vous prie me venir trouver incontinent en ce lieu, où vous me verrez en mon char triomphant. C'est chose que je désire, et pour vous dire chose de bouche que je ne vous puis mander par écrit. De Paris. » Le roi a gagné la guerre à Paris. Il lui reste encore à gagner la paix. Ce sera chose faite quatre ans plus tard avec l'édit de Nantes.

Sources : Pierre de l'Estoile, *Registre journal du règne de Henri IV*.
Henri IV, *Lettre du 26 mars 1594 au gouverneur de Pluviers*.

« Jarnicoton ! »

Henri IV, de 1603 à 1610

Depuis 1589, le roi de France est en principe Henri IV, mais il doit encore conquérir Paris et une bonne partie du royaume, tenus par les ligueurs fanatiques qui ont élu un roi concurrent, « Charles X ». Afin de ramener la paix après des décennies de guerres de religion, Henri IV pense se concilier les catholiques modérés en abjurant le culte protestant (pour la seconde fois). « Paris vaut bien une messe », conseille François d'O (ancien mignon d'Henri III) au roi encore hésitant. Il embrasse donc la religion catholique en 1593.

Henri doit désormais obéissance à l'Église de Rome. Le pape charge les jésuites de faire l'éducation religieuse du Bourbon. À partir de 1603, le père Pierre Coton devient son prédicateur et confesseur attitré. Mais Henri IV n'est pas un bon élève et il bougonne souvent. Lorsqu'il est énervé, il prononce ces mots, roulant les r en bon Béarnais : « Jarnidieu ! » (« je renie Dieu »). Le pauvre jésuite, terrorisé à l'idée que l'on puisse soupçonner le roi d'être retombé dans l'hérésie huguenote, a finalement une idée astucieuse : il lui suggère de grommeler plutôt : « Jarnicoton ! » (« je renie Coton »).

Avec les années, ce jésuite compréhensif acquit une véritable influence sur le roi. Les courtisans jaloux susurraient qu'on ne pouvait plus rien dire à Henri IV, car il avait du coton dans les oreilles !

L'interjection « Jarnicoton ! » eut un tel succès à la cour qu'elle devint bientôt l'un des jurons de la langue française, certes un peu vieilli aujourd'hui…

Source : *Dictionnaire de l'Académie française*.

Troisième partie

L'Ancien Régime et le XIXe siècle

« À cette heure, je suis roi ! »

Louis XIII, en 1617

Un petit noble florentin, Concino Concini, rebaptisé maréchal d'Ancre, se comportait en régent tout puissant depuis la mort du roi Henri IV en 1610. Sa femme, Leonora Galigaï, était depuis l'enfance la confidente d'une autre Florentine, Marie de Médicis, veuve d'Henri IV, devenue régente puis chef du gouvernement. Concini parvint en quelques années à cumuler les honneurs et une immense fortune.

Mais l'arrogant « Conchine » (prononciation française) fit une erreur. Il prit l'habitude de rudoyer l'enfant roi, qu'il pensait ainsi tenir sous sa coupe. « La reine s'avançant le pria de s'aller ébattre : trait duquel il reçut un merveilleux mécontentement », note le chroniqueur Nicolas Pasquier. Le jeune roi fut déclaré majeur en 1614, à 13 ans, ce qui ne changea pas grand-chose à sa situation. Avec l'aide très intéressée de son favori Luynes, Louis XIII assuma par le meurtre de Concini sa prise de pouvoir, le 24 avril 1617. « Merci, grand merci à vous ! À cette heure, je suis roi ! », s'écria le jeune homme tout à son bonheur. Quant à la ville d'Ancre, elle fut débaptisée. La cité de la Somme devint Albert, en l'honneur d'Albert de Luynes, qui récupéra ainsi les titres et les propriétés du maréchal. Mais la rivière qui arrose la cité resta rivière d'Ancre.

On vit dans cette exclamation royale les prémices de l'absolutisme. Certains auteurs ont aussi attribué la phrase à Henri III, après qu'il se fut débarrassé du duc de Guise en 1588.

Source : Nicolas Pasquier, *Chroniques*.

« C'est la journée des dupes. »

Guillaume Bautru, en 1630

Richelieu, principal ministre de Louis XIII depuis 1624, a restauré l'autorité du souverain, bataillant contre les protestants à La Rochelle ou pourchassant les velléités d'indépendance des Grands. Mais s'il a la confiance du fils, il subit la haine de la mère, car l'ancienne régente Marie de Médicis veut la paix entre la France et l'Espagne catholiques, dont les armées s'affrontent sur le champ de bataille italien. Il faut congédier ce cardinal si peu dévot.

Le 11 novembre 1630 au matin, au palais du Luxembourg, elle assomme son fils de reproches lors d'une entrevue orageuse. Richelieu fait une entrée surprise par un escalier dérobé : Marie explose, traite le cardinal de fourbe, de traître, de valet. Puis elle le congédie par ces mots : « C'est fini. » Richelieu s'agenouille et pleure. Mais le roi garde le silence ; le Premier ministre doit s'éclipser.

Dans l'après-midi, Louis XIII se réfugie en son hôtel de Tournon. Très ému, il se jette sur son lit. Pendant ce temps, le parti dévot distribue les ministères. À Versailles, en soirée, le roi révoque en plein conseil le garde des Sceaux Marillac, chef du complot. Il confirme Richelieu et prévient sa mère de se tenir à l'écart. Le conseiller d'État Bautru s'écrie le lendemain : « C'est la journée des dupes ! » La phrase fait aussitôt le tour de Paris. Marie de Médicis regrettera amèrement l'entrée inopinée du cardinal lors de son entrevue avec son fils : « Si je n'avais pas négligé de fermer un verrou, le cardinal était perdu. »

Ce jour est une éclatante manifestation de l'esprit baroque appliqué à la politique : larmes et cris, exaltation des volontés personnelles, coups de théâtre. Mais au-delà de cet apparent désordre, on devine une force cachée qui donne sa cohésion à l'ensemble. En fait, le roi mène le jeu. La journée des dupes contient en germe l'absolutisme royal.

Source : Gaston, duc d'Orléans, *Mémoires*.

« Je pense, donc je suis. »

RENÉ DESCARTES, en 1637

Descartes a publié *Le discours de la méthode* en 1637, sous le règne de Louis XIII. Quatre ans plus tôt, à Rome, Galilée avait été condamné par l'Église pour avoir osé contredire cette vérité fermement établie par la Bible : le Soleil tourne autour de la Terre, centre du monde créé par Dieu. « Je pense, donc je suis » symbolise la pensée cartésienne, à défaut de la résumer. Cette phrase, qui semble une évidence, fonde la pensée rationnelle.

Grand connaisseur des classiques latins, le philosophe s'est sans doute inspiré de l'intuition de saint Augustin au ve siècle, qui écrivit, dans la *Cité de Dieu* : « *Si enim fallor, sum* » (« Car si je ne me trompe, je suis »). Dans son *Discours*, Descartes raconte comment ses méditations l'ont amené à douter de tout, sauf d'une chose : « Pendant que je voulais ainsi penser que tout était faux, il fallait nécessairement que moi qui le pensais fusse quelque chose. Et remarquant que cette vérité, je pense donc je suis, était si ferme et si assurée, que toutes les plus extravagantes suppositions des sceptiques n'étaient pas capables de l'ébranler, je jugeai que je pouvais la recevoir sans scrupule pour le premier principe de la philosophie que je cherchais. » En élaborant une méthode « pour bien conduire sa raison et chercher la vérité dans les sciences », il veut vérifier par le raisonnement toutes les vérités reçues. Avec Galilée, il est secrètement persuadé que si l'on voit bien le Soleil tourner, cela ne prouve pas qu'il tourne. Lucide sur la difficulté de sa démarche, il écrira à son éditeur : « Qu'il y ait trop peu de gens au monde qui soient capables d'entendre mes raisons, ce n'est pas ma faute, et elles ne sont pas moins vraies pour cela. »

Lorsque la parodie s'en mêle...

La petite phrase devint célèbre au point d'être parodiée sous toutes les formes. Ainsi, parmi un corpus très riche, Paul Valéry : « Parfois je pense ; et parfois je suis », ou encore Albert Camus : « Je me révolte, donc je suis. »

Sources : Saint Augustin, *La Cité de Dieu*, XI, 26.
René Descartes, *Discours de la méthode*, IV.
Paul Valéry, *Tel quel, choses tues*, VIII.
Albert Camus, *L'été*.

« Il faut quitter tout cela. »

Mazarin, en 1661

Pendant près de vingt ans, le cardinal Mazarin a été le principal ministre de la régente Anne d'Autriche puis du jeune Louis XIV. Il a servi l'État avec obstination et dévouement. Mais Giulio Mazzarini, issu d'une modeste lignée sicilienne, a aussi accumulé une fortune impressionnante, ce qui n'a pas manqué de susciter la jalousie ou la haine des natifs du royaume.

Son jeune secrétaire d'État aux Affaires étrangères, Louis-Henri de Brienne, a décrit avec saveur les derniers jours du cardinal dans ses *Mémoires*. Parcourant la galerie Mazarine richement dotée en tableaux de maîtres, le jeune homme l'entendit venir « au bruit que faisaient ses pantoufles qu'il traînait comme un homme fort languissant ». Se cachant derrière une tapisserie, il surprit un monologue du vieux ministre (qui n'avait pas encore 59 ans !) : « Il faut quitter tout cela... et encore cela ! Que j'ai eu de peine à acquérir ces choses. Puis-je les abandonner sans regret ? Je ne les verrai plus où je vais... »

Mazarin, en robe de chambre de camelot fourrée de petit gris, avec un bonnet de nuit sur le crâne, admirait une dernière fois ses sculptures, les douze têtes d'empereurs romains en porphyre et les douze autres en bronze, un Cupidon, une Flore, une Cérès... Et ses tableaux, *La Vénus* du Titien, *Le Déluge* d'Antoine Carrache, des dessins de Giulio Romano, quelques œuvres de Léonard de Vinci... « Adieu, chers tableaux que j'ai tant aimés. » Les spécialistes en ont dénombré 471, disséminés dans ses palais et ses hôtels. L'homme d'Église ne dédaignait pas les satisfactions terrestres...

Source : Louis-Henri de Brienne, *Mémoires* (*gallica.bnf.fr*).

« Le roi devrait un peu songer à faire son pré carré. »

Vauban, en 1673

En 1668, après les victoires de la guerre de Dévolution contre l'Espagne, le royaume de France gagne de nouvelles places fortes sur ses marches du Nord et de l'Est. Mais la nouvelle frontière est faite d'enclaves tellement imbriquées qu'elle est difficilement défendable. Ainsi, Tournai, Ypres et Charleroi (en Belgique actuelle) sont au roi Louis XIV, alors que Valenciennes, Saint-Omer et Cambrai restent aux Pays-Bas espagnols !

La guerre ayant repris en 1672, l'ingénieur militaire Vauban écrit au ministre Louvois, le 20 janvier 1673, sans détour comme à son habitude : « Sérieusement, Monseigneur, le roi devrait un peu songer à faire son pré carré. Cette confusion de places amies et ennemies, pêle-mêlées les unes parmi les autres, ne me plaît point. Vous êtes obligé d'en entretenir trois pour une ; vos peuples en sont tourmentés, vos dépenses de beaucoup augmentées et vos forces de beaucoup diminuées. » La solution : « Soit par traité, soit par bonne guerre, si vous m'en croyez, Monseigneur, prêchez toujours la quadrature. Non pas du cercle mais du pré ; c'est une belle et bonne chose que de pouvoir tenir son fait des deux mains. » Il est nommé six ans plus tard commissaire général des fortifications.

En 1705, comme l'indique un document d'état-major, il aura supervisé la fortification de 119 places ou villes, 34 citadelles, 58 forts ou châteaux, 57 réduits et 29 redoutes. Une « ceinture de fer » double (voire triple) qui sécurise la frontière.

Un pré carré à l'UNESCO

En 2007, à l'occasion du tricentenaire de sa mort, la France a proposé d'inscrire au patrimoine mondial de l'UNESCO une quinzaine de sites fortifiés par Vauban. Un tour de force posthume, car on savait déjà le pré carré… hexagonal. Le voici désormais global !

Source : *Lettre de Vauban à Louvois du 20 janvier 1673*, dans *Vauban, un militaire très civil*, 2007.

« Il n'y a plus de Pyrénées. »

Castel Rodrigo, en 1700

Après la mort du roi d'Espagne Charles II le 1er novembre 1700, Louis XIV, marié à Marie-Thérèse d'Espagne, accepte le testament du défunt. L'héritier du trône vacant est son propre petit-fils, le duc d'Anjou, désormais appelé Philippe V.

« Soyez bon Espagnol, lui conseilla Louis XIV avant son départ pour Madrid, le 16 novembre. C'est présentement votre premier devoir. Mais souvenez-vous que vous êtes né Français, pour entretenir l'union entre les deux nations. C'est le moyen de les rendre heureuses et de conserver la paix de l'Europe. »

Le duc de Saint-Simon, qui rapporte ces propos, ne mentionne pas la célèbre exclamation. C'est une publication mensuelle, *Le Mercure galant*, qui la reproduit : l'ambassadeur espagnol, marquis de Castel Rodrigo, s'écria avec enthousiasme : « Quelle joie ! Il n'y a plus de Pyrénées ! Elles sont abîmées et nous ne sommes plus qu'un ! »

Dangeau, dans son *Journal*, donne une autre version : « Les Pyrénées sont fondues ! »

Voltaire, qui n'hésitait pas à améliorer les faits, attribua la formule au Roi-Soleil lui-même, dans son *Siècle de Louis XIV* publié cinquante ans plus tard. Le livre a connu un tel succès qu'on a longtemps colporté cette version.

Les Bourbons d'Espagne

Philippe V a fondé la dynastie des Bourbons d'Espagne, acceptée sur le trône après la longue guerre de Succession d'Espagne (1701-1714). Le roi actuel, Juan Carlos, descend ainsi de Louis XIV. Certains de ses partisans font même remarquer que son lignage avec le Roi-Soleil est direct, ce qui n'est pas le cas de la branche des Orléans (comtes de Paris). Il pourrait donc, à juste titre selon eux, prétendre aussi régner en France. Preuve vivante qu'il n'y a plus de Pyrénées !

Sources : *Le Mercure galant* de novembre 1700.
Dangeau, *Journal*.
Saint-Simon, *Mémoires*, I, 55.

« Un soldat qui a bien dormi en vaut deux. »

LE DUC DE VENDÔME, vers 1700-1710

Le duc Louis-Joseph de Bourbon-Vendôme (1654-1712), arrière-petit-fils d'Henri IV et de la favorite Gabrielle d'Estrées, fut un général efficace et courageux. À l'initiative de son lointain cousin Louis XIV, son intervention permit à un autre Bourbon, le roi Philippe V d'Espagne, de récupérer son trône en 1710. Ce roi, placé sur le trône par son grand-père Louis XIV, avait été chassé de Madrid par une coalition anglo-autrichienne lors d'un épisode de la guerre de Succession d'Espagne.

Philippe V s'étonna de trouver autant de sagesse chez ce militaire, son père ayant une très médiocre réputation. Vendôme répondit, gonflé d'orgueil (c'était son péché mignon) : « C'est que mon esprit vient de plus loin. » Le roi le fit Grand d'Espagne et prince du sang. Toujours attentif au bon moral des troupes, veillant scrupuleusement à leur repos et à leur alimentation, Vendôme était en retour vénéré par ses hommes, toujours prêts à le suivre au feu. « Un soldat qui a bien dormi en vaut deux », expliquait-il.

Voltaire estimait que ce général valait une armée à lui seul.

Trop occupé à faire la guerre, Vendôme vendit son hôtel parisien. Celui-ci fut bientôt rasé pour aménager une « place des conquêtes » à sa gloire et à celle du Roi-Soleil. C'est l'actuelle place Vendôme.

Les soldats endormis de Napoléon

Napoléon se souvenait peut-être de la formule du duc de Vendôme lorsqu'il écrivit en 1807 : « Je gagne mes batailles avec les rêves de mes soldats endormis. » L'empereur en perdit aussi quelques-unes avec les cauchemars de ses grognards engourdis.

Sources : Citation de Vendôme dans *Petites ignorances historiques et littéraires*, de Charles Rozan.
Mot de Napoléon dans *Napoléon a dit*, de Lucian Regenbogen.

« Il n'y a que le premier pas qui coûte. »

Madame du Deffand, vers 1732-1742

Pendant quelques années, la marquise du Deffand (1697-1780) assista aux bals costumés et aux réunions qu'organisait la duchesse du Maine dans son château de Sceaux. Le salon était fréquenté par des ecclésiastiques, des aristocrates et des écrivains en vue. La jeune du Deffand y jetait des traits d'esprit fort appréciés.

Le pesant cardinal de Polignac raconta un jour, avec force détails, le martyre de saint Denis, décapité vers 250 sur la butte Montmartre. Après avoir ramassé sa tête, le martyr marcha « deux grandes lieues » vers le site de la future abbaye de Saint-Denis (édifiée après le ve siècle). Le cardinal s'extasiait sur les souffrances endurées par ce long cheminement. Marie du Deffand interrompit alors l'homme d'Église : « Ah ! Monseigneur, je crois que dans une telle situation, il n'y a que le premier pas qui coûte ! » Ce dicton tiré de la sagesse populaire mit l'assemblée en joie. D'aucuns étaient ravis de cette effronterie à la limite du blasphème.

Quelques années plus tard, Voltaire puis le baron Grimm, dans son périodique mondain, colportèrent l'anecdote, confirmée par l'intéressée dans sa correspondance.

Le couvent de Madame du Deffand

En 1747, Madame du Deffand ouvrit à Paris, rue Saint-Dominique, un salon tapissé de moire bouton d'or et garni de nœuds couleur de feu. Ce temple de l'irrévérence et du libertinage philosophique était situé dans un couvent ! Calée dans un grand fauteuil, un chat sur les genoux, la « parleuse » comptait parmi ses habitués d'Alembert, Marivaux, Fontenelle et Montesquieu. Selon un contemporain, elle avait « la physionomie vive et spirituelle, le rire agréable, les yeux charmants ».

Source : Mme du Deffand, *Lettre à Horace Walpole du 6 juin 1767*, dans *Lettres de Madame du Deffand*.

« Si j'avais encore mes 80 ans ! »

Fontenelle, vers 1745

Neveu de Pierre Corneille, le physicien Bernard Le Bovier de Fontenelle toucha à presque tous les genres littéraires. Dans la querelle des Anciens et des Modernes, il prit résolument parti pour les Modernes dans une *Digression* parue en 1688. Elu à l'Académie française en 1691, Fontenelle y siégea pendant… soixante-six ans !

Car cet homme des Lumières a vécu presque un siècle : né le 11 février 1657, il est mort le 9 janvier 1757. Dans tous les salons, on apprécie son humour et ses talents de conteur. Mais le vieux célibataire ne peut s'empêcher de regretter ses jeunes années. C'est ainsi qu'au salon de la marquise de Tencin, alors qu'il a près de 90 ans, il se précipite pour ramasser l'éventail d'une jeune femme avant de lui glisser : « Ah, si j'avais encore mes 80 ans ! » Le baron Grimm remarque d'ailleurs, en 1751, que les femmes s'arrachent cet illustre vieillard, certes un peu sourd. On aime son esprit mais on délaisse ses livres… Un jour, rapporte encore le baron, Fontenelle rend visite à Madame Grimaud, âgée de 103 ans. « La mort nous a oubliés », remarque-t-elle avec lassitude. Un doigt sur la bouche, l'académicien murmure : « Chut, elle pourrait nous entendre. »

Voilà tout le paradoxe du grand âge, quand il reste lucide : on souhaite vivre, mais le sentiment de la déchéance s'installe. « Je vous aime bien, dit un jour le physicien au cardinal de Bernis, et c'est à cause de cela que je ne désire pas que vous deveniez aussi vieux que je le suis. » À 93 ans, il confie dans une lettre : « Il est vrai que je vis encore, et à des conditions assez tolérables, mais je sais bien aussi que, de jour en jour, elles le deviendront moins, et le lointain n'est pas joli, humainement parlant. »

Sources : Baron Frédéric-Melchior Grimm, *Correspondance littéraire*.
Fontenelle, *Correspondance* (extraits dans Alain Niderst, *Fontenelle*).

« La France ! Ton café fout le camp… »

La comtesse du Barry, en 1773

Cet appel, parfois cité hors contexte, n'est pas le cri d'un patriote alarmé par l'abandon des colonies françaises et de ses riches plantations. Il s'agit en fait d'une banale remarque de la vie quotidienne. Jeanne Bécu, fille naturelle d'une couturière, utilisa ses charmes pour accéder, d'amants en amants, aux bras de Louis XV, de 33 ans son aîné. Succédant à la marquise de Pompadour, la nouvelle « comtesse du Barry » se vit reprocher par les courtisans ses origines populaires.

Malgré une éducation chez les bonnes sœurs, ces jaloux lui prêtèrent de nombreux mots vulgaires, souvent invérifiables. L'écrivain Pidansat de Mairobert publia en 1775 (anonymement) une compilation d'anecdotes. Le succès de cet ouvrage ordurier et entièrement à charge fut considérable. Par exemple, en voyant le café déborder sur la plaque, la comtesse du Barry aurait ainsi averti son royal amant : « Eh ! La France, prends donc garde ! Ton café fout le camp ! » Scandale à la cour ! Quelle familiarité sacrilège entre une fille sortie du caniveau et le descendant de Saint Louis… Précision utile : au XVIIIe siècle, le verbe foutre a encore toute sa puissance d'évocation sexuelle. Afin d'authentifier son propos, Mairobert précisa qu'il s'était appuyé sur un manuscrit rédigé « avec soin » par des courtisans.

En réalité, l'un des valets de la comtesse s'appelait La France ! La comtesse se serait donc adressée à lui, et non pas au roi… C'est ce que découvrit par hasard, à la fin du XIXe siècle, un historien qui dépouillait les archives du château de Versailles. Le mot est donc peut-être authentique. L'interprétation fielleuse colportée l'est sans doute moins. Mais en 2006 encore, Sofia Coppola s'est conformée à la légende, en présentant dans son film *Marie-Antoinette* une Du Barry ordurière et roteuse.

Source : Pidansat de Mairobert, *Anecdotes sur la comtesse du Barry*, 1775, p. 219 (*gallica.bnf.fr*).

« Ça ira, ça ira… »

Benjamin Franklin, vers 1776-1783

Le physicien Benjamin Franklin fut le premier ambassadeur des États-Unis d'Amérique à Versailles. Les treize colonies s'étaient insurgées en 1775 contre leur tuteur britannique, puis l'année suivante, à Philadelphie, elles avaient proclamé leur indépendance, paraphée par Franklin. Quand on lui rappelait que les meilleures troupes anglaises et allemandes se battaient en Amérique contre un peuple pauvre et clairsemé, Franklin répétait ces mots comme un tic : « ça ira, ça ira… ». Ils devinrent rapidement populaires à la cour comme à la ville.

Peut-être au début de juillet 1790, Ladré, ancien soldat devenu chansonnier, en fit le refrain d'une chanson révolutionnaire composée sur un air de contredanse à la mode, *Le carillon national*. C'était un hommage à Franklin, dont on venait d'apprendre la mort, le 17 avril à Philadelphie. En 1787, le vieil homme avait joué un rôle important dans l'élaboration de la Constitution fédérale américaine. C'est justement une Constitution que les députés français préparaient en 1790. « Réjouissons-nous, le bon temps viendra, tout trouble s'apaisera, chantait Ladré. Quand l'aristocrate protestera, le bon citoyen au nez lui rira… »

À cette date, beaucoup pensaient la révolution apaisée et l'union entre la nation et le roi indestructible. C'est ce que célébra la grande fête de la Fédération du 14 juillet 1790. Mais les événements démentirent rapidement ces prévisions optimistes, et les paroles du « ça ira » furent modifiées, vouant désormais « les aristocrates à la lanterne ». Les mots du paisible citoyen Franklin étaient bien dévoyés.

Sources : Anacharsis Cloots, *Chronique de Paris du 4 mai 1792*.
Chanson écrite par Ladré sur l'air du *Carillon national*, composé par Bécourt.

« Toute vérité n'est pas bonne à dire. »

Beaumarchais, en 1785

Pierre-Augustin Caron de Beaumarchais (1732-1799) fut horloger, musicien, éditeur, homme d'affaires et un peu agent secret. En fait, sa seule ambition était de s'enrichir et d'obtenir une reconnaissance sociale, et aussi d'avoir accès aux plaisirs de l'aristocratie. C'est donc un peu par hasard qu'il se consacra à l'écriture théâtrale. Un moyen parmi d'autres pour atteindre son but.

Sa comédie *Le mariage de Figaro*, donnée le 27 avril 1785 pour la première fois, décrit la société à la veille de la Révolution : inégalitaire, corrompue et arbitraire. Mais aussi terriblement vermoulue, au bord de l'écroulement. Il y revendique la liberté de la presse, encore soumise à la censure jusqu'en 1788 (« sans la liberté de blâmer, il n'est point d'éloge flatteur »). C'est Louis XVI qui a finalement accordé cette liberté, quelques mois avant la Révolution. Il en recueillit bien peu d'éloges.

Mais Figaro (Beaumarchais ?), pressé de dire sa vérité, proclame aussi, en contrepoint, qu'il en existe plusieurs. « Car toute vérité n'est pas bonne à dire », et aussi « à croire ». Il revendique ainsi pour chacun le droit à la discrétion, voire au secret, face aux « protestations des buveurs », aux « promesses des gens en place » et au « dernier mot de nos marchands ». C'est le négociateur de l'ombre, au fait des petits secrets des Grands, qui s'exprime ici. À moins que ce ne soit l'homme condamné à maintes reprises par les tribunaux, non pour ses écrits, mais pour ses trafics obscurs. Pour cette raison, les révolutionnaires de 1789 se méfièrent de ce chantre de la liberté fort peu exemplaire.

Source : Beaumarchais, *Le mariage de Figaro*, Acte IV, première scène.

« Il ira loin, il croit tout ce qu'il dit. »

Mirabeau, en 1789

Le retors comte Honoré Gabriel Riqueti de Mirabeau, député de la Provence pour le Tiers État, comprit très vite que Maximilien de Robespierre, jeune avocat d'Arras élu également aux États généraux de 1789, était habité par une foi révolutionnaire ardente.

En élaborant la Déclaration des Droits de l'homme et du citoyen au mois d'août, les députés des États (devenus Assemblée nationale) exprimèrent sans retenue leur philanthropie. Celle-ci s'inspirait directement des philosophes des Lumières : de Rousseau l'idéaliste, mais aussi de Voltaire le réaliste, tout deux disparus onze ans plus tôt. Mirabeau fut chargé de rédiger le texte. Le tribun provençal penchait naturellement vers Voltaire. Il remarqua les interventions à la tribune de Robespierre le rousseauiste, raide et toujours impeccablement perruqué et poudré. C'était un orateur sans relief. « Si le comte de Mirabeau est le flambeau de la Provence, Monsieur de Robespierre est la chandelle d'Arras », se moqua un journal royaliste, *Les Actes des Apôtres*. Mais le député provençal devina la détermination inflexible de son collègue arrageois. Il répétait alors, paraît-il : « Cet homme ira loin, il croit tout ce qu'il dit. » Ce pourrait être l'hommage du vice à la vertu. Ou du réalisme au fanatisme, c'est selon.

Effectivement, Robespierre est allé loin... jusqu'à l'échafaud. Car celui qu'on appela bientôt « l'Incorruptible » crut jusqu'au bout que la vertu s'imposerait à tous, quels que soient les moyens à employer. Réalisme et idéalisme en politique, un ménage impossible. Pour certains, Robespierre est à l'origine des totalitarismes. Pour d'autres, c'est un humaniste trahi par les cyniques, les lâches et les profiteurs.

Source : Alphonse Aulard, *Les grands orateurs de la révolution*.

« De l'audace, encore de l'audace, toujours de l'audace. »

Georges Danton, en 1792

Pendant l'été 1792, la menace d'une invasion austro-prussienne précipite les événements. Louis XVI, soupçonné de sympathiser avec l'ennemi, est arrêté le 10 août après une émeute sanglante au palais des Tuileries. À la fin du mois, alors que les Prussiens assiègent Verdun, les chefs girondins envisagent de replier le gouvernement au sud de la Loire. Le 2 septembre, le nouveau ministre de la Justice Georges Danton lance à l'Assemblée nationale un appel à la résistance enflammé : « Tout s'émeut, tout s'ébranle, tout brûle de combattre (...). Une partie du peuple va se porter aux frontières, une autre va creuser des retranchements, et la troisième, avec des piques, défendra l'intérieur de nos villes (...). Nous demandons que quiconque refusera de servir de sa personne ou de remettre ses armes soit puni de mort (...). Le tocsin qu'on va sonner n'est point un signal d'alarme, c'est la charge sur les ennemis de la patrie. Pour les vaincre, Messieurs, il nous faut de l'audace, encore de l'audace, toujours de l'audace, et la France est sauvée. »

Toutes les églises parisiennes sonnent le tocsin, accompagné par des coups de canon au Pont-Neuf. On ferme les barrières. Les volontaires se rassemblent au Champ-de-Mars. Pendant ce temps, à l'appel de Marat et d'Hébert, des sans-culottes fanatiques massacrent en quatre jours 1 300 prêtres réfractaires, religieuses, nobles et suspects, dans les prisons de la capitale. Le 20 septembre, une armée française mal équipée et inexpérimentée, mais audacieuse, repousse au moulin de Valmy des Prussiens moins déterminés que prévu. Danton devient le héros de la République, aussitôt proclamée. L'audace est à l'ordre du jour.

Source : Discours à l'Assemblée législative du 2 septembre 1792 (*assemblee-nationale.fr/histoire/danton1792.asp*).

« J'en appelle à toutes les mères ! »

Marie-Antoinette, en 1793

Lorsque s'ouvre le procès de Marie-Antoinette, le 14 octobre 1793, la justice révolutionnaire lui reproche d'avoir trahi sa patrie d'adoption au profit de l'Autriche (elle est la tante de l'empereur François II, en guerre contre la République française). On lui fait également grief de ses folles dépenses en toilettes, en bijoux ou encore au jeu.

Mais les juges ajoutent à cette liste un crime odieux commis dans la prison du Temple. Voici la déposition de Jacques-René Hébert, substitut du procureur : « Là, il se commettait des traits de la débauche la plus effrénée. Il n'y a pas même à douter, par ce qu'a dit le fils de Capet, qu'il n'y ait eu un acte incestueux entre la mère et le fils. » La veuve de Louis XVI était donc accusée d'attouchements avec son fils Louis XVII, alors âgé de 8 ans. Très émue, Marie-Antoinette prononce ces quelques mots : « Si je n'ai pas répondu, c'est que la nature se refuse à répondre à une pareille inculpation faite à une mère. » Puis elle s'écrie : « J'en appelle à toutes celles qui peuvent se trouver ici ! » En fait, la rumeur, lancée par un geôlier zélé, a sans doute une explication. Louis XVI souffrit longtemps d'un phimosis qui lui interdit pendant plusieurs années de consommer son mariage. Marie-Antoinette, craignant que son fils ne souffrît du même mal, inspectait probablement les organes génitaux de celui-ci, de temps à autre. Le geôlier, découvrant la scène par un judas, aurait interprété ce geste de façon malveillante.

Hébert, également journaliste à succès spécialisé dans la délation sous le nom de Père Duchêne (« foutrement enragé »), se chargea de propager la calomnie. Quelle que soit la responsabilité de Marie-Antoinette devant l'histoire, ce procès indigne a facilité sa réhabilitation posthume. L'acharnement à flétrir la reine déchue l'a finalement rendue émouvante de dignité.

Source : Procès de Marie-Antoinette (audience des témoins du 14 octobre 1793), dans *Actes du Tribunal révolutionnaire.*

« Je cherche une épée. »

Sieyès, en 1799

Tout au début de la Révolution, au mois de janvier 1789, l'abbé Sieyès (1748-1836) devient un homme politique célèbre grâce à sa brochure *Qu'est-ce que le Tiers État ?* Dix ans plus tard, passé l'orage de la Terreur et les guerres révolutionnaires, l'ancien prélat est de nouveau au cœur des intrigues politiques.

Le régime du Directoire, faible, ingouvernable, corrompu et déconsidéré, est à l'agonie. Emmanuel Sieyès déclare à ses proches : « Il ne faut plus de bavards, il faut une tête et une épée. » Il est persuadé d'être cette tête et espère exercer la fonction de premier consul dans un nouveau régime républicain. « Je cherche une épée » (ou un sabre, selon les versions), ajoute-t-il. Il pense au général Joubert, le glorieux chef de l'armée d'Italie. Mais celui-ci est tué à Novi le 15 août 1799. Sieyès propose son plan au général Moreau en octobre. « Voici votre homme, il fera votre coup d'État bien mieux que moi », lui aurait répondu ce militaire en désignant un autre général, Napoléon Bonaparte, lui aussi auréolé de gloire après ses campagnes en Italie et en Égypte. Le Corse venait tout juste de débarquer à Fréjus, de retour de la terre des Pharaons. Fréjus, la ville natale de Sieyès ! L'abbé n'hésite plus : il a trouvé son épée.

Le coup d'État du 18 Brumaire an VIII (9 novembre 1799) réussit comme prévu. Mais c'est Bonaparte qui devient premier consul. Quant à Sieyès, il n'aura aucune influence politique... Pour son malheur, cette épée était aussi une fine lame.

Source : La phrase apocryphe est citée dans *Sieyès, la clé de la Révolution française*, de Jean-Denis Bredin.

« Du sublime au ridicule, il n'y a qu'un pas. »

Napoléon Ier, en 1812

Monseigneur de Pradt (1759-1837) était un évêque intrigant et rusé. En 1812, l'empereur, qui admirait cet homme brillant, l'envoya à Varsovie comme ambassadeur. Il comptait ainsi préparer la campagne de Russie et utiliser au mieux, selon ses propres mots, « le sang polonais » dans la Grande Armée. Mais après la désastreuse retraite de Russie, il tint le prélat pour responsable de la désertion massive des Polonais. Lors d'une entrevue à Varsovie le 10 décembre, il le destitua.

Très amer, celui-ci devint un adversaire acharné. Après la chute de Napoléon, il raconta la journée de 1812. L'empereur, totalement découragé, aurait répété trois ou quatre fois à quelques personnes : « Du sublime au ridicule, il n'y a qu'un pas. » Cette phrase, qu'il aimait d'ailleurs prononcer, est toutefois nuancée par une lettre de la comtesse polonaise Tyskievitch. Ainsi parle l'empereur : « Mais rien pour cela n'est désespéré. Peut-être ai-je fait une faute en allant à Moscou, et une autre en y prolongeant mon séjour ; la postérité en décidera ; le ridicule est à côté du sublime ; rien donc dans tout cela n'est surprenant ; je commande à quarante millions d'hommes et je me dois à eux, il a donc fallu momentanément quitter mon armée ; je vais à Paris. »

Napoléon ne s'est jamais considéré comme un homme ridicule, ni dans ses lettres, ni dans ses mémoires dictés à Sainte-Hélène. Il a toujours eu une haute idée de lui-même. À cette date, il était décidé à rejoindre Paris au plus vite, car un coup d'État menaçait son trône. À cause d'une porte mal fermée (!), le général Caulaincourt, son aide de camp, a pu raconter en détail la scène orageuse où Napoléon congédia son ambassadeur, qui bredouilla de piètres justifications. Puis l'empereur remit un billet à son aide de camp ainsi rédigé : « Délivrez-moi de ce faquin ! » Dans le *Mémorial de Sainte-Hélène*, l'ancien empereur remarque que l'ex-ambassadeur semble extrêmement tenir à dissimuler cette scène, qui fit beaucoup rire à l'époque. « Du sublime au ridicule » s'appliquerait donc davantage au prélat qu'à l'empereur en fuite...

Sources : Monseigneur de Pradt, *Histoire de l'Ambassade dans le Grand-Duché de Varsovie en 1812*.
Lettre de la comtesse Tyskievitch à Talleyrand du 20 décembre 1812.
Général Caulaincourt, *Mémoires*.
Las Cases, *Mémorial de Sainte-Hélène* (28 avril 1816).

« Le mensonge passe, la vérité reste. »

Napoléon, en 1815

C'est un Napoléon vaincu, déchu puis exilé à Sainte-Hélène, qui reprend à son compte ce vieux dicton populaire : « Le mensonge passe, la vérité reste. » L'ex-Empereur des Français fait mine de commenter avec détachement les multiples attaques de ses anciens ennemis, désormais triomphants. Mais le plus célèbre de ses adversaires historiques, François-René de Chateaubriand, est l'un des rares à garder la mesure sur les malheurs du vaincu. L'écrivain a vite compris que l'acte final de l'épopée napoléonienne en ferait à coup sûr un mythe. Et il l'envie sans doute secrètement.

Napoléon est apparemment serein sur sa postérité. Pendant son dernier exil, de 1815 à 1821, il ne faudra pas moins de quatre mémorialistes à ses côtés pour fixer sur le papier la geste napoléonienne, revue et corrigée par son auteur. « La calomnie a épuisé tous ses venins sur ma personne », dit-il encore à Emmanuel de Las Cases, le plus célèbre des « quatre évangélistes », qui fera de son recueil un best-seller.

Napoléon et le mensonge

Face au mensonge, Napoléon se posait volontiers en martyr : « Quelle rage de persécution ! Mais plus on me persécutera, mieux ce sera pour le monde. Ils mordront sur du granit. » De fait, les ultraroyalistes avaient soufflé de soulagement en apprenant la mort du Tyran sur le rocher de l'Atlantique, le 5 mai 1821. Mais ils n'avaient pas fini d'affronter le fantôme de Napoléon, qui les hanta tout au long du XIXe siècle. Le mensonge passe, la vérité aussi. Seul reste le mythe. Ne disait-il pas, dès 1804 à son avènement, « Je n'ai pas succédé à Louis XVI, mais à Charlemagne » ?

Source : Las Cases, *Mémorial de Sainte-Hélène*.

« L'exactitude est la politesse des rois. »

Louis XVIII, vers 1820

En 1814, lorsqu'on annonça à Louis XVIII qu'il était roi de France grâce à l'abdication de Napoléon Ier, il répondit simplement : « Ai-je jamais cessé de l'être ? » Puis il data ses premiers actes de la dix-neuvième année de son règne. Car depuis la mort en 1795 de son neveu, le petit Louis XVII, dans la prison du Temple, l'exilé se considérait comme le monarque en titre, comme si la Révolution et l'Empire étaient nuls et non avenus.

Dans ses *Mémoires*, le banquier et député Jacques Laffitte, qui fut un opposant assez modéré à Louis XVIII, lui attribue cet aphorisme : « L'exactitude est la politesse des rois. » Peut-être résume-t-il effectivement la vie de celui qui avait su attendre patiemment son heure ? Ou plutôt ses heures : chassé en 1815 par le retour de Napoléon de l'île d'Elbe, il récupéra placidement son trône cent jours plus tard, après Waterloo. Turgot, qui fut pendant deux ans le ministre principal de Louis XVI (son frère aîné), avait en tout cas un avis opposé puisqu'il estimait que l'exactitude était le sublime des sots...

Ponctuel jusqu'au dernier souffle

Louis XVIII fut soucieux d'exactitude jusqu'à son dernier souffle. En 1824, impotent (il s'appelait lui-même « le Roi-Fauteuil ») et à l'agonie, il voulut encore exercer ses fonctions : « Un roi de France peut mourir ; il n'est jamais malade. » Puis, tout à la fin, il confia à son médecin : « Allons, finissons-en, Charles attend. » Son frère cadet, Charles X, eut beaucoup moins d'esprit, ce qui lui coûta sans doute son trône, à l'occasion d'une nouvelle révolution.

Source : Jacques Laffitte, *Mémoires*.

« J'en passe, et des meilleurs. »

Victor Hugo, en 1830

C'est la réplique d'un personnage du drame espagnol *Hernani* de Victor Hugo, créé à la Comédie française le 25 février 1830. La phrase, parmi bien d'autres, suscita l'indignation bruyante d'une partie du public et l'enthousiasme tout aussi bruyant de l'autre. Lors des premières représentations, on échangea même quelques coups de poing et de canne. Il est vrai qu'Hugo avait convoqué sa « claque » : un romancier mondain peu lu (Honoré de Balzac), un bibliothécaire féru de théâtre (Alexandre Dumas), un poète inconnu (Gérard de Nerval) et un jeune agité au gilet rouge (Théophile Gautier). La génération romantique livre sa « bataille d'Hernani ».

« J'en passe, et des meilleurs » est une provocation. Hugo malmène les conventions du théâtre classique avec espièglerie. D'abord, il coupe l'alexandrin en deux : après cet hémistiche, le personnage s'interrompt pour faire quelques pas. Puis il termine l'alexandrin (« Cette tête sacrée ») par une nouvelle phrase qui enjambe le vers ! Ces mots créent ensuite une belle surprise en interrompant une énumération qui commençait à exaspérer les détracteurs de la pièce. Selon eux, l'expression, trop populaire, n'a d'ailleurs rien à faire dans une pièce classique. Dernière pirouette hugolienne, le double sens : par la bouche de son personnage, Hugo promet qu'il a encore bien des choses à dire. N'en déplaise.

Tout cela n'aurait pu rester qu'un épisode fameux de l'histoire littéraire. Mais quelques mois plus tard, les « Trois glorieuses » journées de juillet portent Louis-Philippe au pouvoir. Grâce à la participation de certains auteurs romantiques (dont Dumas, fusil en main), la révolution de Juillet apparaît comme le second acte, politique, de la bataille d'Hernani. Les romantiques ont gagné la bataille. Le monde leur appartient.

Source : Victor Hugo, *Hernani*, Acte III, scène 7.

« Je connais l'empire des mots. »

François Guizot, en 1844

François Guizot (1787-1874) fut un fervent partisan de la bourgeoisie industrielle (« Enrichissez-vous ! »). C'était aussi un historien, spécialiste de la monarchie constitutionnelle britannique. Sous la monarchie de Juillet (régime constitutionnel qui avait placé en 1830 le duc d'Orléans Louis-Philippe sur le trône), il fut ministre des Affaires étrangères. Il était bien sûr favorable à un rapprochement franco-anglais.

Mais en 1844, il doit affronter une polémique à la Chambre des députés. Certains lui reprochent d'avoir préféré en 1815 l'exil en Belgique auprès de Louis XVIII à la défense de la patrie contre les Anglais, au moment des Cent-Jours et de Waterloo. Alors qu'il tente d'expliquer le sens de cette mission, une bronca l'empêche de parler. « Messieurs, on peut épuiser mes forces, mais j'ai l'honneur de vous assurer qu'on n'épuisera pas mon courage ! », lance-t-il aux élus par défi. « Je connais l'empire des mots, l'empire des préventions, l'empire des passions populaires et aveugles, continue-t-il, blessé. Mais j'ai confiance dans la vérité, dans le bon sens et le sentiment de mon pays. Et quant aux injures, aux calomnies, aux colères extérieures, on peut les multiplier, les entasser tant qu'on voudra, on ne les élèvera jamais au-dessus de mon dédain. » Cette indignation n'est pas improvisée. Déjà cinq ans auparavant, il employait cette expression dans un discours : « Ici, je l'avoue, si je ne connaissais l'empire des mots et des préventions, je ne pourrais m'étonner assez. »

Ce dédain affiché pour l'empire des mots sauva son portefeuille. Ses amis se cotisèrent pour frapper une médaille célébrant cette envolée morale. Mais après la révolution de 1848, il ne joua plus aucun rôle politique, ni sous la République, ni sous... l'Empire.

Source : Discours à l'Assemblée du 26 janvier 1844, dans *Histoire parlementaire de France*, tome 4, p. 238 *(gallica.bnf.fr)*.

« La France s'ennuie. »

Alphonse de Lamartine, en 1847

L'écrivain et député Alphonse de Lamartine (1790-1869) s'imposa comme l'un des grands orateurs de l'opposition à Louis-Philippe. Dès 1839, il constatait à la Chambre : « La France est une nation qui s'ennuie. » En 1847, il glorifie l'œuvre révolutionnaire avec son *Histoire des Girondins*, destinée, dit-il, à instruire le peuple « à la veille d'une révolution ». Au cours d'un banquet, il récidive : « La France s'ennuie. » Ces banquets républicains étaient alors un moyen efficace de détourner l'interdiction des réunions politiques.

L'ennui, c'est le mal du siècle. La génération romantique, née avec la Révolution et avec Napoléon, ne supporte plus cette monarchie de Juillet qui fait de la France un pays bourgeois et assagi. En février 1848, une nouvelle révolution propulse Lamartine au gouvernement de la République. Pour beaucoup à ce moment-là, le poète est un visionnaire politique. Mais l'illusion ne durera que quelques mois, balayée par la popularité du prince Louis-Napoléon Bonaparte. Celui-ci promettait la fin de l'ennui, et certains espéraient aussi, secrètement, une nouvelle aventure impériale.

La France s'ennuie avant mai 68

Le 15 mars 1968, Pierre Viansson-Ponté signe en une du *Monde* un éditorial titré « Quand la France s'ennuie... » Le chef du service politique du quotidien écrit : « Dans une petite France presque réduite à l'hexagone, qui n'est pas vraiment malheureuse ni vraiment prospère (...), l'ardeur et l'imagination sont aussi nécessaires que le bien-être et l'expansion. » Une semaine plus tard, les étudiants de Nanterre lancent la rébellion contre le gaullisme de papa.

Sources : Lamartine, Discours lors de la campagne des banquets, le 18 juillet 1847 à Mâcon.
Le Monde du 15 mars 1968.

« Il faut bien que je les suive, puisque je suis leur chef. »

Ledru-Rollin, en 1849

Alexandre-Auguste Ledru-Rollin (1807-1874) était un fervent républicain social. Après la violente répression du soulèvement ouvrier de juin 1848, il s'opposa à l'orientation conservatrice prise par la IIe République. Le 13 juin 1849, il avait appelé ses partisans à se soulever contre le gouvernement du président Bonaparte, soutenu par le « parti de l'ordre ».

Mais l'insurrection, née d'une manifestation largement improvisée, était condamnée à l'échec. Après une journée de résistance, cerné par les forces de l'ordre, Ledru-Rollin prit la fuite, enjambant la fenêtre de son état-major parisien. Réfugié vingt ans en Angleterre, il anima une société républicaine secrète, « la Marianne ». Ses adversaires, qui triomphaient sous le Second Empire, raillaient ce chef républicain parti par la fenêtre.

C'est Eugène de Mirecourt, homme de plume célèbre pour ses médisances (notamment contre Alexandre Dumas, autre républicain de combat), qui écrivit ces lignes fielleuses : « La destinée de cet homme devait forcément aboutir au ridicule. Un jour, le flot populaire traversa la rue et le grand meneur céda aux premiers braillards qui l'acclamaient. On l'entraîna. » Et beaucoup furent bientôt persuadés que Ledru-Rollin avait vraiment dit « Il faut bien que je les suive, puisque que je suis leur chef. » Plusieurs variantes ont circulé ; toutes sont invraisemblables, voire absurdes, mais l'attaque fit mouche. Car Mirecourt savait que l'exilé aurait peu l'occasion de se faire entendre et de rétablir la vérité. Voilà comment un mot d'esprit proféré par un courtisan contre un banni est devenu une référence historique souvent citée.

Source : Eugène de Mirecourt, *Galerie des contemporains*, 1857.

« Quand le bâtiment va, tout va. »

Martin Nadaud, en 1850

Martin Nadaud (1815-1898), maçon originaire de la Creuse, était monté à Paris comme beaucoup de Limousins au XIXe siècle. Le vaste chantier de la capitale absorbait peu à peu les villages de la campagne environnante (La Chapelle, Clignancourt, Auteuil...), repoussant toujours plus loin ses faubourgs. Déjà, les fermes et les carrières de Montmartre attiraient les étudiants, les artistes et les familles sans le sou. La révolution de 1848 établit la IIe République. L'année suivante, l'ouvrier Nadaud fut élu député socialiste de la Creuse.

Lors d'un discours à la Chambre des députés en 1850, il prononça ces mots : « Vous le savez, à Paris, lorsque le bâtiment va, tout profite de son activité. » La presse reprit aussitôt la déclaration de l'ancien maçon. Mais la formule fut popularisée dans un raccourci saisissant : « Quand le bâtiment va, tout va. » Pourtant, tout se gâta pour lui après le coup d'État du 2 décembre 1851 mené par le prince-président Bonaparte. Arrêté, refusant obstinément de faire allégeance, Martin Nadaud préféra s'exiler en Angleterre. Il y resta jusqu'en 1870.

Les années du Second Empire (1852-1870) sont marquées par la prospérité économique et les grands aménagements parisiens, dirigés par le préfet Haussmann. La formule du député républicain Nadaud a été prononcée sous le président de la République Louis-Napoléon Bonaparte. Pour la postérité, elle résume pourtant le règne du même homme, devenu l'empereur Napoléon III.

Source : Discours à l'Assemblée nationale du 5 mai 1850, cité par P. Dupré dans *Encyclopédie des citations*.

« On subit sa famille, on choisit ses amis. »

Napoléon III, en 1853

Un an après son coup d'État du 2 décembre 1851, le président de la République Louis-Napoléon Bonaparte se fit proclamer Empereur des Français sous le nom de Napoléon III, le 2 décembre 1852. Son oncle Napoléon Ier avait été sacré le 2 décembre 1804. Le tsar de Russie Nicolas Ier accueillit cette nouvelle monarchie avec beaucoup de méfiance. En 1812, son frère Alexandre Ier avait en effet repoussé avec grande difficulté l'invasion de la Grande Armée napoléonienne. Pourtant, Louis-Napoléon Bonaparte avait pris soin de proclamer à Bordeaux, quelques semaines avant son intronisation, « L'Empire, c'est la paix ! »

L'empereur Nicolas envoya donc à Napoléon III des félicitations tardives (le 5 janvier) en forme d'affront. L'en-tête de la lettre portait en effet la mention « Sire et bon ami » au lieu de « Mon bon frère », traditionnelle entre monarques européens. Napoléon III chargea l'ambassadeur russe de remercier « chaleureusement » sa majesté, « et surtout du mot de bon ami dont elle s'est servie, car l'on subit ses frères, et l'on choisit ses amis. » Il reprenait ironiquement une formule de l'abbé Delille, un poète à la croisée des XVIIIe et XIXe siècles, qui écrivait, dans *Malheur et pitié*, « Le sort fait les parents, le choix fait les amis. »

Un peu plus d'un an après cet échange aigre-doux, le 28 mars 1854, les deux « bons amis » empereurs se faisaient la guerre en Crimée.

Source : *Lettre de Napoléon III au tsar Nicolas Ier du mois de janvier 1853.*

« Il ne faut jamais dire jamais. »

Napoléon III, en 1867

En 1867, l'unité italienne était encore inachevée. Victor-Emmanuel II régnait sur l'Italie grâce à l'appui de Napoléon III. Mais Rome et la région du Latium restaient aux mains du pape. La France se posait désormais en arbitre de la querelle transalpine. « Fille aînée de l'Église », elle était aussi le garant du pouvoir terrestre exercé par le souverain pontife sur la Ville éternelle.

Après avoir fait échouer un coup de main du nationaliste Giuseppe Garibaldi sur l'État pontifical, le Premier ministre français, Eugène Rouher, s'exprima énergiquement le 5 décembre à la Chambre : « Nous déclarons que l'Italie ne s'emparera pas de Rome. Jamais, jamais la France ne supportera une telle violence faite à son honneur, faite à la catholicité ! » Le chef du gouvernement était en effet contesté par les députés de gauche, favorables à l'unité italienne. Mais Napoléon III le désavoua peu après : « Il ne faut jamais dire jamais », déclara-t-il prudemment, usant de la sagesse populaire. Il avait pressenti que la situation ne dépendait que de son propre sort.

Le 2 septembre 1870, l'Empereur des Français abdiquait, vaincu par l'armée prussienne. Le 20 septembre, l'armée italienne investissait Rome quasiment sans combattre. Privée de son protecteur, la cité devint enfin la capitale du royaume d'Italie, et le pape se réfugia pour longtemps dans ses palais du Vatican, proclamant à son tour que jamais l'Église ne reconnaîtrait ce coup de force sacrilège. La reconnaissance de cet état de fait intervint finalement en 1929, avec les accords du Latran signés entre Mussolini et Pie XI.

Source : Discours d'Eugène Rouher à la Chambre des députés du 5 décembre 1867, cité par Louis Girard dans *Napoléon III*.

« Docteur Livingstone, je présume ? »

Henry Morton Stanley, en 1871

Parti chercher la source du Nil en 1866, le Dr David Livingstone, consul britannique itinérant, est porté disparu. Trois ans plus tard, le *New York Herald* décide d'envoyer l'aventurier d'origine galloise, Henry Morton Stanley, à sa recherche. Occasion pour ce journal américain d'organiser l'un des grands scoops du XIXe siècle.

Au début du mois de novembre 1871, le reporter est sur la piste d'un « homme blanc » aperçu par des caravaniers sur la rive orientale du lac Tanganyika. Le 10 novembre, les deux hommes se rencontrent enfin sous un manguier à Ujiji, en Tanzanie : « Tandis que j'avançais lentement, je remarquai sa pâleur et son air fatigué, écrira Stanley. J'aurais voulu l'embrasser, mais il était sujet britannique, et je ne sais pas comment il m'aurait accueilli. Je fis donc ce que m'inspiraient la lâcheté et l'orgueil déplacé. J'approchai d'un pas ferme et je lui dis, en ôtant mon chapeau : "Dr Livingstone, je présume ?" » « Oui », concéda le vieil homme, qui n'avait pas parlé à un Occidental depuis plus de cinq ans.

Finalement, Livingstone refusera d'accompagner Stanley à Londres, préférant poursuivre ses explorations. Il mourra peu après d'épuisement.

La phrase interrogative devint bientôt célèbre grâce au récit de Stanley lui-même. Elle était censée symboliser le flegme britannique. Car c'était bien un Gallois (certes naturalisé Américain après son adoption) qui avait tranquillement retrouvé un Écossais perdu au cœur de l'Afrique...

Source : Henry Morton Stanley, *Comment j'ai retrouvé Livingstone*, 1872.

« Cela ne m'amuse pas ! »

Victoria, vers 1897

La reine d'Angleterre et impératrice des Indes Victoria (1819-1901) maria ses enfants à tous les souverains européens, gagnant le surnom de « Grand-mère de l'Europe ». Son règne de soixante-quatre ans se caractérise par une grande pudibonderie, nettement accentuée après la mort de son mari le prince Albert, en 1861. Dans les palais royaux, on en vint à recouvrir de tissu les pieds sculptés des meubles ; ils étaient, paraît-il, trop suggestifs !

À la fin du siècle, lors d'une réception au château de Windsor, un convive allemand éclata de rire à une gauloiserie glissée à son oreille par l'Honorable Alexander Yorke. Fils cadet du comte de Hardwicke, ce courtisan surnommé « Alick » était entré au service de la reine à partir de 1884, devenant une sorte de bouffon officieux. Il lui arrivait à l'occasion de faire rire la reine aux éclats. Curieuse de connaître la raison de cette hilarité, Victoria demanda à son cher Alick de répéter l'anecdote à haute voix. Celui-ci s'exécuta sans discuter, mais la reine commenta sèchement : « Cela ne m'amuse pas ! »

Cette phrase, promise à une grande célébrité après sa publication en 1897 (année du Jubilé de diamant pour les soixante ans de règne), résume à merveille les dernières années de l'ère victorienne. Mais elle fut parfois mal interprétée. La version originale « *We are not amused* » (« cela ne nous amuse pas ») pourrait faire croire que la souveraine employait un pluriel de majesté, accentuant l'effet glacial de la rebuffade. En fait, Victoria exprimait l'avis des dames présentes autour de la table, très choquées par ce *risqué* (en français dans le texte).

Sources : Arthur Bevan, *Popular Royalty*, 1897.
Alan Hardy, *Queen Victoria was Amused*, 1976.

« Ce sont les risques du métier. »

Humbert Ier, en 1897

Humbert Ier, dit « le Bon », régna de 1878 à 1900 dans une Italie fraîchement réunifiée par son père Victor-Emmanuel II, chef de la Maison de Savoie. Comme un peu partout en Europe en cette fin de siècle, de nombreux activistes étaient prêts à tout pour renverser la démocratie parlementaire, assimilée à la bourgeoisie d'affaires.

Le 17 novembre 1878, alors qu'il parcourait les rues de Naples pour l'une de ses premières visites royales, le roi Humbert fut agressé dans sa calèche par le jeune anarchiste Giovanni Passannante. Il sortit indemne de l'attentat, et cela ne l'empêcha pas de multiplier les déplacements dans son royaume. Le 22 avril 1897, il échappa dans les rues de Rome, encore dans une calèche ouverte, au coup de couteau d'un jeune maréchal-ferrant, Pietro Acciarito ; Humbert Ier se rendait à l'hippodrome assister au Derby Royal qu'il avait doté d'un prix de 24 000 lires. Le roi déclara assez crânement qu'après tout, c'étaient les « risques du métier » (ou plutôt les « incertitudes du métier », si l'on se réfère à la version originale italienne). Acciarito, aussitôt arrêté, se justifia ainsi : « Cela ne me plaisait pas de voir donner 24 000 lires pour un cheval. » Ce sont également les risques du métier pour un maréchal-ferrant zélé, en quelque sorte.

Mais le 29 juillet 1900, le roi fut assassiné à Monza, près de Milan, par trois ou quatre coups de pistolet tirés par l'anarchiste Gaetano Bresci. Celui-ci, revenu spécialement des États-Unis où il avait émigré, voulait venger les manifestants ouvriers tués par la troupe milanaise deux ans auparavant. Le métier de roi était décidément à risque.

Source : Site de la gendarmerie (*carabinieri*) du ministère de la Défense italienne (*carabinieri.it*).

« J'accuse... »

ÉMILE ZOLA, en 1898

En 1894, le capitaine Alfred Dreyfus, Juif alsacien, est condamné pour trahison au profit de l'Allemagne et envoyé au bagne de Guyane. Seuls quelques « dreyfusistes » (brocardés par leurs adversaires comme « dreyfusards ») clament son innocence, accusant l'état-major d'avoir choisi un coupable idéal, c'est-à-dire Juif, donc apatride, et originaire d'Alsace, une province annexée par le Reich après la défaite de 1870.

En 1898, Émile Zola est un écrivain célèbre dans toute l'Europe qui a publié la grande série romanesque des *Rougon-Macquart*. Estimant qu'il doit mettre en pratique ses idéaux de justice, il prend fait et cause pour Dreyfus. Le 13 janvier, il publie dans le quotidien *L'Aurore* une longue « Lettre à M. Félix Faure, président de la République », qui couvre toute la première page et une partie de la deuxième. Il y accuse nommément des généraux, des magistrats et des hommes politiques de camoufler une erreur judiciaire. Comme chaque paragraphe commence par « J'accuse », le directeur politique du journal, Georges Clemenceau, titre au dernier moment cette lettre par un énorme « J'accuse... » sur six colonnes à la une.

Avec 300 000 exemplaires diffusés, l'Affaire est relancée dans l'opinion et chez les intellectuels. Mais le jour même, à une écrasante majorité (312 contre 122), les députés votent des poursuites contre Zola. Le 23 février, l'accusateur accusé est condamné à un an de prison et 3 000 francs d'amende pour diffamation. Au mois de juillet, sur le conseil de Clemenceau, il choisit de s'exiler en Angleterre. Il y restera près d'un an. Mais l'Affaire poursuit son cours.

Source : Journal *L'Aurore* du 13 janvier 1898.

Quatrième partie

Les XXe et XXIe siècles

« Je suis le premier flic de France. »

Georges Clemenceau, en 1906

Dans l'opposition pendant trente ans, siégeant à l'extrême gauche, Georges Clemenceau s'était attiré le surnom de « démolisseur » ou encore de « tombeur de ministères ». Le 14 mars 1906, il accède au pouvoir pour la première fois, à l'âge de 64 ans, comme ministre de l'Intérieur, portefeuille qu'il conserve en devenant président du Conseil au mois d'octobre.

L'ancien contestataire se révèle un chef de gouvernement à la poigne de fer. Il devient alors « le Tigre ». Le 1er mai 1906, il ordonne l'arrestation de près de huit cents manifestants. En 1907 et 1908, il fait réprimer durement, avec mort d'hommes, des manifestations de viticulteurs en Languedoc, des grèves de mineurs dans le Pas-de-Calais et une action des cheminots à Villeneuve-Saint-Georges. « Clemenceau, le vieux flic », écrit la CGT dans un tract. « Je suis le premier flic de France », revendique-t-il en retour.

Le terme « flic » (on écrivait aussi flique) était encore une injure au début du XXe siècle. À droite, on l'accuse d'être le « Napoléon des flics ». À gauche, on conspue le « briseur de grèves ». « Mon devoir, c'est de faire l'ordre », commente l'ancien tribun du peuple sans états d'âme. En trois ans, Clemenceau modernise la police, supervisant la création de douze brigades mobiles régionales (les « brigades du Tigre », ébauche de la police judiciaire) et de la police scientifique du préfet Lépine.

Mais ce « premier flic de France », devenu le « Père la Victoire » en 1918, manque sa consécration deux ans plus tard : devenir président de la République. Son dernier surnom sera donc tout naturellement « Perd la Victoire ».

Sources : Jean-Baptiste Duroselle, *Clemenceau*, 1988.
Histoire et dictionnaire de la police, 2005.

« Debout les morts ! »

Jacques Péricard, en 1915

À la fin de 1914, on entre dans une guerre de positions. Les soldats s'enterrent dans les tranchées. On les appelle désormais « les Poilus » tant leurs conditions d'hygiène sont précaires. Des assauts brefs et sanglants, mais sans lendemain, ponctuent leurs journées. Le 8 avril 1915 à Bois Brûlé, dans la région de Verdun, l'adjudant Jacques Péricard (95e régiment d'infanterie) reprend avec sa section un boyau jonché de corps : « Ohé là, debout ! Qu'est-ce que vous foutez par terre ? Levez-vous et allons foutre ces cochons-là dehors ! » L'écrivain nationaliste Maurice Barrès trouve la bonne formule dans un article de presse : « Mais soudain, de cet amas de blessés et de cadavres, quelqu'un se soulève et, saisissant à portée de sa main un sac de grenades, s'écrie : "Debout les morts !" » En 1916, toute la France a les yeux fixés sur le front de Verdun, qui doit contenir la grande offensive allemande. À la victoire, Péricard fait paraître ses mémoires de combattant sous le titre *Debout les morts*.

En 1919, ce fait d'armes devient épopée nationale dans un manuel de préparation au Certificat d'études :

« Un blessé se levait devant la meute grise,
Son front ensanglanté ruisselait d'un sang noir.
Mais comme à l'exercice, et sans plus s'émouvoir,
Il commençait le feu, puis lançait dans la brise
Cet appel formidable : "À moi ! Debout, les morts !"
Les mourants, unissant leurs suprêmes efforts,
Épiques, répondaient à sa voix frémissante.
Et le cri surhumain, par un héros jeté,
Avait galvanisé la troupe agonisante.
Pour vaincre encore, les morts avaient ressuscité. »

Jacques Péricard milite après la Grande Guerre dans les rangs nationalistes. En 1940-1944, il s'engage dans la collaboration au côté du maréchal Pétain, l'autre « héros de Verdun ».

Sources : Jacques Péricard, *Debout les morts*, 1918.
Maurice Barrès, article du 18 novembre 1915 dans l'*Écho de Paris*.
Roger Garaud, *Précis de la Grande Guerre destiné aux candidats au Certificat d'études*, 1919.

« La Fayette, nous voici ! »

Charles Stanton, en 1917

Après trois ans d'une neutralité de plus en plus difficile à tenir, les États-Unis entrent en guerre le 6 avril 1917 aux côtés des alliés franco-britanniques. Les premières troupes débarquent à Saint-Nazaire le 26 juin. Le 4 juillet, fête de l'Indépendance, le général Pershing, chef du corps expéditionnaire américain, se rend avec quelques officiers au cimetière parisien de Picpus, sur la tombe du marquis de La Fayette.

Dans son discours, il rend un hommage assez convenu à ce Français qui incarne si bien l'amitié franco-américaine. De 1777 à 1782, le « Héros des Deux Mondes » aida efficacement, de son propre chef puis avec l'accord de Louis XVI, les insurgés américains à conquérir leur indépendance. Depuis le mois d'avril 1916, quelques volontaires américains combattaient d'ailleurs sur le front occidental dans l'escadrille La Fayette. Mais c'est un simple officier-payeur de l'état-major, le capitaine Charles Stanton, qui immortalise cette cérémonie en prononçant ces mots agréables à une oreille française : « Je regrette de ne pouvoir parler au bon peuple de France dans la belle langue de son juste pays (...). C'est avec une fierté amoureuse que nous hissons les couleurs, en signe de respect pour ce citoyen de votre grande république. Et ici et maintenant, dans l'ombre de l'illustre mort, nous engageons nos cœurs et notre honneur à mener cette guerre jusqu'au succès. La Fayette, nous voici ! »

Ces derniers mots eurent aussitôt les faveurs de la presse. Certains journalistes enthousiastes en firent même le plus beau discours de quatre mots jamais prononcé (*Lafayette, we are here !*) Évidemment, on les attribua aussi au général Pershing. « J'aurais bien voulu en être l'auteur », reconnut celui-ci dans ses mémoires. Le général s'était simplement contenté d'écrire ces deux lettres sur le discours de son aide de camp : « OK ».

Source : Captain Charles E. Stanton, GHQ, *Speech Manuscript*, Paris, 1917, publié par The Great War Society (*worldwar1.com*).

« Le bonheur est dans le pré. »

Paul Fort, en 1917

Le « prince des poètes » Paul Fort (1872-1960) a célébré la nature et les plaisirs simples de la vie sous forme de ballades populaires et fantaisistes (« Si tous les gars du monde voulaient se donner la main… »). Mais en 1917, pendant la Première Guerre mondiale, il publie plusieurs recueils aux accents noirs.

Dans *L'Alouette*, le poème intitulé « Le bonheur » commence par ces vers : « Le bonheur est dans le pré. Cours-y vite, cours-y vite (…). Si tu veux le rattraper, cours-y vite, il va filer. » Mais il se termine tristement : « Saute par-dessus la haie, cours-y vite ! Il a filé ! »

En fait, le bonheur a filé sur le pré pour toute une génération. Cette image ironique évoque les poilus sautant par-dessus la tranchée, sous la rafale ennemie. « Nos beaux jours fauchés, d'une éternité de tranchées, dans les enfers », écrit encore Paul Fort dans *Notre-Dame-de-Sous-Terre*, publié la même année. Et dans « Le départ du conscrit » : « La rouge aurore en ta chambrette – jeune soldat, courage – a mis du sang dans ta cuvette ; on entend chanter l'alouette sur les bleus paysages. »

« Le bonheur est dans le pré » n'était pas encore, en 1917, une mièvrerie bucolique.

Les fantômes de la Grande Guerre

Dans les années 70, le conteur Pierre Bonte a tenu à la télévision une chronique champêtre très célèbre qui reprenait la première phrase du poème (chanté aussi par Georges Brassens à la même époque). Puis Étienne Chatiliez a donné à son tour ce titre à un film de 1995. Qui se souvient que derrière cette expression célèbre et désuète se cachent les fantômes de la Grande Guerre ?

Sources : Paul Fort, *L'Alouette*, 1917. *Notre-Dame-de-Sous-Terre*, 1917.

« Il n'y a pas d'amour, il n'y a que des preuves d'amour. »

Pierre Reverdy, vers 1920

Pierre Reverdy (1889-1960) fut un poète discret mais très influent. Il vécut à Montmartre dans les années 1910, à une époque où de grands artistes faisaient souffler sur la butte « l'esprit nouveau ». Dans les dernières années de la Première Guerre mondiale, en 1917-1918, Reverdy anima la revue poétique *Nord-Sud*, qui ouvrit ses colonnes à Guillaume Apollinaire, André Breton, Tristan Tzara, Max Jacob ou Georges Braque, le peintre cubiste.

La génération survivante de l'après-guerre fut marquée par ce maître exigeant qui annonçait à sa façon le surréalisme. Dans une préface du *Mystère de la chambre jaune*, Jean Cocteau écrivit : « Pierre Reverdy nous disait : "il n'y a pas d'amour, il n'y a que des preuves d'amour". Phrase admirable et qui peut se traduire en d'autres domaines. Par exemple : il n'y a pas de génie. Il n'y a que des preuves de génie. » Pour le poète, il ne faut pas se complaire dans l'émotion pure, mais donner à voir. « Il était pour nous, quand nous avions vingt ans, toute la pureté du monde », a aussi noté Louis Aragon, qui s'en souviendra en publiant le poème « Il n'y a pas d'amour heureux » en 1946.

En 1926, Pierre Reverdy choisit de s'éloigner des cénacles artistiques de la capitale. Il s'établit à Solesmes dans la Sarthe, dans une maison proche de l'abbaye bénédictine du XIe siècle, où il vécut jusqu'à sa mort en 1960. Béret sur la tête, il allait fréquemment prier en silence. Sa femme Henriette, qui l'accompagna dans cette nouvelle existence, lui donna ainsi une preuve d'amour. Il est vrai que son mari avait écrit, dans l'un de ses derniers recueils publié en 1956, « aimer, c'est permettre d'abuser ».

Sources : Pierre Reverdy, *En vrac*, 1956.
Jean Cocteau, préface du *Mystère de la chambre jaune*, de Gaston Leroux, 1963.

« Je vous promets une nouvelle donne pour le peuple américain. »

Franklin Roosevelt, en 1932

Après le krach boursier d'octobre 1929, les États-Unis sombrent dans la dépression. En 1932, le pays compte 12 millions de chômeurs. La production industrielle a été réduite de moitié. Les cours agricoles s'effondrent à cause d'une surproduction massive. Pourtant impuissant, le président républicain Hoover se représente. Les démocrates choisissent pour candidat Franklin Delano Roosevelt, l'énergique gouverneur de l'État de New York.

« Dans les fermes, dans les grandes métropoles, dans les cités plus petites et dans les villages, conclut-il lors de la convention démocrate du 2 juillet, des millions de nos concitoyens caressent l'espoir que leurs anciens modes de vie et de pensée n'ont pas disparu à jamais. Je vous engage, je m'engage moi-même à une nouvelle donne pour le peuple américain. Ici assemblés, constituons-nous tous en prophètes d'un nouvel ordre de compétence et de courage. C'est plus qu'une campagne politique, c'est un appel aux armes. Aidez-moi, non seulement pour gagner des voix, mais aussi pour gagner cette croisade qui rendra l'Amérique à son propre peuple. »

Le lendemain, la presse américaine relève à peine les mots « prophètes » et « croisade ». Trop banal. C'est la « nouvelle donne » (*New Deal*) qui deviendra son slogan de campagne. Il a emprunté l'expression à l'économiste Stuart Chase, qui vient de publier un livre sous ce titre. Largement élu en novembre, Roosevelt parviendra à relancer l'économie américaine et à redonner espoir au pays. Réélu en 1936, en 1940 et en 1944, il reste aux yeux des Américains le plus grand président du XXe siècle, et peut-être de toute leur Histoire.

Source : Address accepting the presidential nomination at the democratic national convention in Chicago (*presidency.ucsb.edu*).
Stuart Chase, *New Deal*.

« Quand j'entends le mot culture, je sors mon revolver. »

Baldur von Schirach, en 1933

Actualités cinématographiques du Troisième Reich. Sur une tribune hérissée d'étendards nazis, un jeune homme blond en uniforme s'adresse à une assemblée de dignitaires. « Quand j'entends le mot culture, je sors mon revolver », dit-il, la moue aux lèvres, déclenchant rires et ovations. Il joint le geste à la parole, soupesant son arme avec satisfaction. Baldur von Schirach (1907-1974) a dirigé les Jeunesses hitlériennes dans l'opposition dès 1931 puis pendant les sept premières années du régime, de 1933 à 1940.

Mais ce trait d'humour nazi n'est pas de lui. Le 20 avril 1933, pour l'anniversaire d'Hitler (au pouvoir depuis moins de trois mois), on joue la première d'un drame héroïque intitulé *Schlageter*. Cette pièce glorifie Albert Leo Schlageter, jeune nazi fusillé en 1923 par les autorités militaires françaises pour s'être opposé par la violence à l'occupation de la Ruhr. Première scène, située après la défaite allemande de 1918 : l'ancien combattant Schlageter prépare un examen universitaire avec son ancien camarade de régiment Friederich Thiemann. Tous deux se demandent s'il est bien utile d'étudier tant que leur nation n'est pas libre. Pour Thiemann, mieux vaut se battre que poursuivre de vaines études. Et il précise : « Quand j'entends le mot culture, j'ôte le cran de sûreté de mon Browning ! » Cette réplique devint aussitôt très populaire, et le chef des Jeunesses hitlériennes ne fit que la mettre en application.

C'était le temps des grands bûchers de livres et de la répression des intellectuels, envoyés dès le 22 mars 1933 à Dachau dans le premier camp de concentration. La phrase colle si bien au régime nazi qu'on se plaît généralement à l'attribuer à l'un ou l'autre de ses grands maîtres, de Goering à Goebbels.

Sources : Hanns Johst, *Schlageter*, Acte 1, scène première, 1933.
Film documentaire *De Nuremberg à Nuremberg* (première partie), de Frédéric Rossif (CDG/Antenne 2), 1988.

« Le pape, combien de divisions ? »

Joseph Staline, en 1935

Au milieu des années trente, les bruits de bottes résonnent de plus en plus fort en Europe. En mars 1935, le chancelier Hitler rétablit le service militaire obligatoire au mépris de l'interdiction formulée dans le traité de Versailles. Deux semaines plus tard, la France porte le service à deux ans. Le gouvernement français cherche à nouer une alliance avec l'U.R.S.S. afin de prendre l'Allemagne nazie à revers.

Après avoir signé, le 2 mai, un pacte d'assistance mutuelle avec l'ambassadeur soviétique Vladimir Potemkine, le ministre des Affaires étrangères Pierre Laval se rend à Moscou une semaine plus tard. Il espère une alliance plus vaste englobant le Royaume-Uni, l'Italie de Mussolini et l'Église catholique. Mais depuis des années, le régime soviétique réprime impitoyablement les catholiques, nombreux en Ukraine occidentale. Ils ont été victimes, parmi des millions d'« ennemis de classe », de la terrible famine organisée en 1932-1933 dans tout le sud de l'U.R.S.S. Le 13 mai, Laval suggère ainsi à Staline d'autoriser le rite catholique afin de se réconcilier avec Pie XI. La réponse du « Petit Père des peuples » ne lui laissera aucun espoir : « Le pape, combien de divisions ? » À vrai dire, le Vatican ne dispose que d'une seule division, c'est-à-dire une grosse centaine de gardes suisses à béret alpin et crevés Renaissance bleus et jaunes, munis de hallebardes.

Cette réponse interrogative, rapportée par Winston Churchill dans ses mémoires, exprime parfaitement la conception qu'avait Staline de la politique : un rapport de force brutal et sans états d'âme. Pour lui, le minuscule État du Vatican qui représente le monde catholique n'avait aucun rôle à jouer dans les relations internationales.

Source : Winston Churchill, *La Seconde Guerre mondiale*, t. 1, ch. 8, 1948.

« No pasaran ! » (Ils ne passeront pas !)

Dolorès Ibarruri, dite **la Pasionaria**, en 1936-1939

Le 17 juillet 1936, les troupes nationalistes du général Franco se rebellent contre la République espagnole, gouvernée depuis février par un Front populaire. Deux jours plus tard, la députée communiste Dolorès Ibarruri lance un vibrant appel depuis le balcon du ministère de l'Intérieur à Madrid.

« Ouvriers ! Paysans ! Antifascistes ! Espagnols patriotes ! Face au soulèvement militaire fasciste, tous debout ! Défendons la République ! Défendons les libertés populaires et les conquêtes démocratiques du peuple ! (...) Vive la République du peuple ! Les fascistes ne passeront pas ! Ils ne passeront pas ! » On l'appelle la Pasionaria. C'est son nom de plume depuis la Semaine sainte (ou de la Passion) de 1918.

Issue d'une famille de mineurs, ancienne domestique, Dolorès a perdu quatre enfants. Elle est toujours vêtue de noir, le visage grave, les cheveux tirés en arrière. Mais sa voix peut être envoûtante ou enflammée. Inlassablement, elle criera « No pasaran ! » sur les ondes de Radio Madrid. Deux mots repris en chœur par des milliers de combattants républicains, Espagnols et volontaires des brigades internationales.

Pourtant, les fascistes sont passés au cri de « Vive la mort ! » (*Viva la muerte !*). À l'heure de la défaite, en 1939, la Pasionaria s'exile en U.R.S.S. Elle ne reviendra en Espagne qu'à la restauration de la démocratie en 1977. À 81 ans, elle est aussitôt réélue députée communiste. Le président des Cortes l'accueille par ces mots : « Bienvenue à la maison, Madame. » Symbole d'un siècle tragique, la Pasionaria s'éteint à l'âge de 93 ans, le 12 novembre 1989, trois jours après la chute du Mur de Berlin.

Source : Discours du 19 juillet 1936 au ministère de l'Intérieur de Madrid.

« Je n'ai rien à offrir que du sang, du labeur, des larmes et de la sueur. »

Winston Churchill, en 1940

Le 10 mai 1940, les chars allemands envahissent la Belgique et les Pays-Bas, mettant fin à huit mois d'une « drôle de guerre » d'observation sur le front occidental. Le jour même, le roi d'Angleterre George VI nomme Winston Churchill Premier ministre, à la place du brouillon et impopulaire Neville Chamberlain. Le 13, le nouveau dirigeant fait une brève déclaration à la Chambre des communes. « Je n'ai rien à offrir que du sang, du labeur, des larmes et de la sueur. Vous me demandez quel est notre but ? (...) Je peux vous répondre d'un mot : c'est la victoire, la victoire à tout prix, la victoire malgré la terreur, la victoire, aussi dure et aussi longue que puisse être la route. » À la fin de son allocution, Churchill est en pleurs.

Malgré la défaite française qui se dessine en quelques jours, il tient bon. Le 19, dans son premier discours à la nation sur les ondes de la BBC, il a des accents prophétiques : « Une longue nuit de barbarie, où ne luira pas même une étoile d'espoir, va s'abattre sur eux [les vaincus], à moins que nous ne vainquions, comme nous devons vaincre. Comme nous allons vaincre. »

Au début du mois de juin, la France rejoint visiblement le camp des vaincus. Il faut évacuer 370 000 soldats alliés retranchés dans la poche de Dunkerque. L'opération terminée, Churchill renouvelle sa conviction : « Nous nous battrons sur les mers et sur les océans, nous nous battrons dans les airs avec une force et une confiance croissantes, nous défendrons notre île à n'importe quel prix (...). Nous ne nous rendrons jamais ! »

Pendant un an, « le Vieux Lion » se bat seul contre Hitler, qui triomphe sur le continent. Sous les bombes, il rejette avec mépris toute offre de paix séparée, toute idée de négociation. Avec le cigare aux lèvres, et, faisant de la main, le V de la victoire.

Source : Déclarations à la Chambre des communes du 13 mai et du 4 juin 1940 (*winstonchurchill.org*).

« La France a perdu une bataille ! Mais la France n'a pas perdu la guerre ! »

Charles de Gaulle, en 1940

Après la débâcle militaire de mai-juin 1940, Charles de Gaulle, général de brigade « à titre temporaire » et sous-secrétaire d'État à la guerre, préfère s'exiler en Angleterre plutôt qu'accepter un armistice humiliant avec l'Allemagne hitlérienne.

Le 18 juin, sur les ondes de la BBC, il appelle les Français à poursuivre le combat et à se mettre en rapport avec lui. « Car, explique-t-il, la France n'est pas seule. Elle n'est pas seule (par cette répétition, De Gaulle prépare les auditeurs à la démonstration qui suit). Elle a un vaste empire derrière elle. Elle peut faire bloc avec l'empire britannique qui tient la mer et continue la lutte. Elle peut, comme l'Angleterre, utiliser sans limite l'immense industrie des États-Unis. » Il conclut : « Quoi qu'il arrive, la flamme de la résistance française ne doit pas s'éteindre et ne s'éteindra pas. »

Bien peu de Français l'ont entendu ce jour-là. De Gaulle lance un autre appel le 22, avec enregistrement sonore et visuel. Puis, à partir du 30 juillet, il fait placarder à mille exemplaires dans les villes d'Angleterre une affiche titrée en caractères majuscules « À tous les Français ».

L'exilé commence par ces mots : « La France a perdu une bataille ! Mais la France n'a pas perdu la guerre ! » Sur le manuscrit, il avait écrit « perdu la bataille », avant de rectifier chez l'imprimeur. « Des gouvernants de rencontre ont pu capituler, cédant à la panique, oubliant l'honneur, livrant le pays à la servitude, accuse-t-il. Cependant, rien n'est perdu ! » Le 2 août, le régime du maréchal Pétain condamne à mort par contumace le « colonel en retraite » de Gaulle. Désormais, tous les Français ont entendu parler de ses appels à la résistance.

Sources : De Gaulle, Appel du 18 juin 1940 sur la BBC.
Affiche « À tous les Français » du 30 juillet 1940.

« Je reviendrai. »

Le général MacArthur, en 1942

Après le bombardement japonais sur Pearl Harbor, les Américains contre-attaquent. Mais le 11 mars 1942, face à la puissance de feu ennemie, ils doivent évacuer l'îlot fortifié de Corregidor près de la péninsule de Bataan, aux Philippines, alors américaines. « Le Président des États-Unis, déclare le général Douglas MacArthur à son arrivée en Australie, m'a ordonné de traverser les lignes japonaises et de me rendre de Corregidor en Australie, dans le but d'organiser contre le Japon l'offensive américaine, dont l'objectif prioritaire est la libération des Philippines. Je suis sorti de Bataan, mais je reviendrai. »

Le message s'adressait sans doute autant aux Japonais qu'au président Roosevelt et à ses ennemis intimes de l'état-major, les généraux Eisenhower et Marshall. MacArthur fit de la reconquête des Philippines sa priorité absolue contre, semble-t-il, toute logique militaire. Il agit ainsi de sa propre initiative, maquillant les rapports et amplifiant l'importance stratégique de l'archipel ; il s'acharna à le reconquérir, une île après l'autre, alors qu'il aurait pu se concentrer sur le territoire japonais, autrement plus dangereux. Mais, fidèle à sa promesse, il posa le pied sur Corregidor en libérateur, le 2 mars 1945. Il aura fallu près de trois ans.

« I'll be back »

Cette phrase immensément célèbre aux États-Unis est aussi devenue « culte » au cinéma, sous une forme populaire (« *I'll be back* » quand MacArthur avait dit de façon plus soutenue « *I shall return* »). L'androïde Terminator, alias Arnold Schwarzenegger, concluait en effet sa première apparition en 1984 par un inquiétant « Je reviendrai »... Promesse tenue en 1991, pour *Le Jugement dernier*.

Source : Déclaration à la presse sur le quai de la gare de Terowie (Australie), le 20 mars 1942. Une plaque y rappelle les mots du général.

« Un rideau de fer est tombé sur le continent. »

WINSTON CHURCHILL, en 1946

Après la victoire contre l'Allemagne nazie, Winston Churchill est battu aux élections de juillet 1945. Mais l'ancien Premier ministre britannique jouit d'un immense prestige international. Le 5 mars 1946, au Westminster College de Fulton (Missouri), où le président américain Truman a fait ses études, Churchill donne sa vision de l'après-guerre.

« Depuis Stettin sur la Baltique jusqu'à Trieste sur l'Adriatique, un rideau de fer est tombé sur le continent, prévient-il. Derrière cette ligne se trouvent toutes les capitales des anciens États de l'Europe centrale et orientale : Varsovie, Berlin, Prague, Vienne, Budapest, Belgrade, Bucarest et Sofia. » Churchill a préparé son intervention avec Truman, qui est dans l'assistance. Il commet une petite erreur géographique : Berlin se situe à l'ouest de Stettin (ville allemande attribuée à la Pologne sous le nom de Szczecin). Lübeck aurait été plus juste. L'expression « rideau de fer » se trouvait déjà dans un télégramme que le Britannique avait envoyé à l'Américain le 12 mai 1945, quelques jours après la victoire : « La situation européenne m'inquiète énormément. Un rideau de fer est tombé sur le front soviétique. Nous ignorons tout de ce qui se passe derrière. »

L'expression, en devenant publique, donne le coup d'envoi de la « Guerre froide ». Seules la façade adriatique (Yougoslavie) et l'Autriche échapperont en fait à Staline. Churchill ne voit qu'une solution pour l'Europe occidentale : l'alliance atlantique avec les États-Unis. Car, rappelle-t-il malicieusement, « pour l'avoir vu chez nos amis et alliés russes pendant la guerre, je suis convaincu qu'il n'y a rien qu'ils n'admirent autant que la force ; et il n'y a rien qu'ils ne méprisent davantage que la faiblesse, spécialement la faiblesse militaire. »

Source : Churchill, Discours de Fulton, 5 mars 1946 (*winstonchurchill.org*).

« On ne naît pas femme : on le devient. »

Simone de Beauvoir, en 1949

En 1945, les Françaises votent pour la première fois à l'occasion des élections municipales. Mais l'épouse reste sous la tutelle légale de son mari. Beaucoup de métiers jugés masculins sont encore interdits aux femmes. La Sécurité sociale, créée la même année, attribue un numéro à chaque assuré. Tout naturellement, celui d'un homme commence par 1, et celui d'une femme par 2.

La parution en 1949 de deux gros volumes intitulés *Le deuxième sexe* fait scandale dans la France de l'après-guerre. Son auteur, la philosophe Simone de Beauvoir, a trempé sa plume dans le vitriol. « On ne naît pas femme : on le devient. Aucun destin biologique, psychique, économique ne définit la figure que revêt au sein de la société la femelle humaine ; c'est l'ensemble de la civilisation qui élabore ce produit intermédiaire entre le mâle et le castrat qu'on qualifie de féminin. » Simone de Beauvoir, en s'appuyant sur les mythes, l'Histoire, la religion, des faits de société ou encore sur la sexualité, démontre que la condition féminine (soumission, renoncement, maternité, spécialisation dans des tâches particulières, notamment domestiques...) est dictée à chaque petite fille : « C'est que l'intervention d'autrui dans la vie de l'enfant est presque originelle et que dès ses premières années, sa vocation lui est impérieusement insufflée. » François Mauriac écrit son indignation et le pape Pie XII met l'ouvrage à l'Index.

50 ans de féminisme

En 1999, un colloque rassemblant des universitaires et des intervenants de 37 pays a célébré à Paris les cinquante ans de l'ouvrage fondateur du féminisme. Le bilan dressé par Simone de Beauvoir, décédée en 1986 après une vie d'engagement, reste d'une cruelle actualité pour la plupart des femmes dans le monde.

Source : Simone de Beauvoir, *Le deuxième sexe*, tome II, ch. 1, 1949.

« Mes amis, au secours ! Une femme vient de mourir gelée. »

L'ABBÉ PIERRE, en 1954

Hiver 1954. La France profite depuis l'après-guerre d'une bonne reprise économique, mais les logements sociaux et les asiles de nuit restent notoirement insuffisants. Les gouvernements de la IVe République ignorent le problème. Beaucoup de « sans-abri » (on disait aussi des « couche-dehors ») affrontent un hiver rude, jusqu'à -30°C.

Le 1er février, à midi, Radio Luxembourg transmet l'appel d'un abbé à peu près inconnu, qui fut résistant puis député. « Mes amis, au secours ! Une femme vient de mourir gelée. » Cette femme, retrouvée boulevard de Sébastopol, tenait dans sa main un avis d'expulsion. « Il faut que ce soir même, dans toutes les villes de France, des pancartes s'accrochent sous une lumière, dans la nuit, où l'on lise ces simples mots : "Toi qui souffres, qui que tu sois, entre, dors, mange, reprends espoir. Ici, on t'aime." À Paris, chaque nuit, ils sont plus de deux mille recroquevillés sous le gel, sans toit, sans pain, plus d'un presque nu », poursuit-il avec des accents bibliques. « Écoutez-moi ! » L'abbé Pierre réclame 5 000 couvertures, 300 grandes tentes américaines et 200 poêles catalytiques. Il aura beaucoup plus. « L'insurrection de la bonté » déclenche une chaîne de solidarité populaire. Le Parlement, qui venait de refuser les crédits pour un millier d'appartements, vote la construction de 12 000 logements sociaux.

Cinquante ans plus tard, le 1er février 2004, le vieil homme se décida à lancer un nouvel appel au Trocadéro, devant la foule. Car de « nouveaux pauvres » dorment dehors, victimes du chômage et des loyers chers. On les appelle désormais, en langage politiquement correct, des « sans domicile fixe » (« sans domicile » aurait sans doute été trop direct). Ou plutôt, de façon encore plus correcte, des SDF (comme on dit des VIP ou des BCBG).

Source : Intervention sur Radio Luxembourg le 1er février 1954 (*rtl.fr*).

« Que cent fleurs s'épanouissent, que cent écoles rivalisent. »

Mao Zedong, en 1956

En 1956, trois ans après la mort de Staline, le monde communiste tremble sur ses bases. En U.R.S.S., Nikita Khrouchtchev dénonce les crimes du stalinisme. En Hongrie et en Pologne, la population secoue la chape soviétique. La Chine, communiste depuis 1949, connaît une lutte de clans intense qui menace la suprématie du président Mao.

Dans son discours du 2 mai, le Grand Timonier invite à la libre confrontation des idées : « Que cent fleurs s'épanouissent, que cent écoles rivalisent. » Il fait référence aux « cent écoles de pensée » des Royaumes combattants, expression imaginée par le philosophe taoïste Zhuangzi (IVe-IIIe siècle av. J.-C.) pour qualifier le dynamisme de la pensée chinoise à son époque. Marginalisé au sommet du Parti, Mao reprend l'initiative le 27 février suivant en lançant véritablement la Campagne des cent fleurs. Exprimées en jargon révolutionnaire, ces paroles soulèvent un immense espoir dans la population : « L'idéologie de la bourgeoisie et celle de la petite bourgeoisie trouveront sûrement à se manifester. À coup sûr, ces deux classes s'obstineront à s'affirmer par tous les moyens dans les questions politiques et idéologiques. Il est impossible qu'il en soit autrement. Nous ne devons pas recourir à des méthodes de répression pour les empêcher de s'exprimer ; nous devons le leur permettre, et en même temps discuter avec elles et critiquer leurs idées de façon appropriée (...). Toute erreur est à critiquer, toute herbe vénéneuse est à combattre, mais cette critique ne doit pas être dogmatique. »

En quelques semaines, la Chine bruisse de contestation, les murs se couvrent de dazibaos. Mais le 8 juin, le *Quotidien du peuple* appelle à « arracher les fleurs vénéneuses ». Fin du printemps sifflée par Mao. Quelque 550 000 intellectuels sont envoyés en camp de rééducation par le travail. C'est l'avant-garde des millions de victimes de la Révolution culturelle, lancée dix ans plus tard.

Source : *Citations du président Mao Tsé-toung* (dit « Le petit livre rouge »), 1966 (p. 60 et 336).

« Je vous ai compris. »

Charles de Gaulle, en 1958

Le 13 mai 1958, la foule envahit le Gouvernement général français d'Alger et proclame un Comité de salut public, qui se substitue à l'autorité de la IVe République, jugée défaillante après quatre ans de guerre. Le 15, le général Salan, commandant en chef de l'armée en Algérie et rallié aux émeutiers, s'adresse aux Algérois depuis le balcon. Il termine son discours par « Vive l'Algérie française ! », puis, sous les ovations, « Vive De Gaulle ! » Le 1er juin, Charles de Gaulle est investi à Paris comme chef du gouvernement avec les pleins pouvoirs et un mandat pour préparer une nouvelle constitution.

Il se rend aussitôt à Alger, mais pas en civil : c'est le général qui se déplace. En 1943-1944, il avait dirigé dans cette ville et dans cet uniforme le Comité français de libération nationale. À sa descente d'avion le 3 juin, le général de brigade de Gaulle (deux étoiles sur le képi) est accueilli par le général d'armée Salan (cinq étoiles), façon de suggérer aux Pieds-noirs que les militaires ont pris les commandes en France comme en Algérie… Mais Salan, plus gradé, est bien sous l'autorité de De Gaulle. Le lendemain, du même balcon, De Gaulle ravit les Algérois : « Je vous ai compris ! Je sais ce qui s'est passé ici. Je vois ce que vous avez voulu faire. Je vois que la route que vous avez ouverte en Algérie, c'est celle de la rénovation et de la fraternité (…). Moi, De Gaulle, j'ouvre la porte de la réconciliation ! » Mais il ne criera pas : « Vive l'Algérie française ! »

« Je vous ai compris » prend vite un goût amer pour les partisans de l'Algérie française. Dès 1959, leur champion, président de la Ve République, évoque une « Algérie algérienne liée à la France ». Le 8 janvier 1961, un référendum approuve l'autodétermination algérienne. Le 22 avril, quatre généraux tentent un putsch en Algérie pour s'opposer à la politique gaullienne. Parmi eux, on retrouve le général Salan.

Source : Discours du 4 juin 1958 à Alger (*ina.fr*).

« Ich bin ein Berliner. » (Je suis un Berlinois.)

Kennedy, en 1963

Le 13 août 1961, les autorités de la République démocratique allemande ferment tous les accès à Berlin-Ouest, enclavé dans leur territoire et dépendant de la République fédérale d'Allemagne. Car, depuis 1945, près de 3 900 000 Allemands de l'Est ont passé la ligne qui leur permettait de s'installer par la suite en R.F.A.

Le 26 juin 1963, le président américain Kennedy visite Berlin-Ouest pendant quelques heures.

À l'hôtel de ville de Schönberg, quelque 400 000 Berlinois écoutent son discours en anglais : « Il y a deux mille ans, la proclamation la plus fière était *Civis romanus sum* (« je suis un citoyen romain »). Aujourd'hui, dans le monde libre, la proclamation la plus fière est *Ich bin ein Berliner* (« je suis un Berlinois »). Mais, poursuit-il, une paix réelle et durable en Europe ne pourra être assurée tant qu'un Allemand sur quatre se verra privé du droit élémentaire des hommes libres, qui est de choisir librement. » Il termine son allocution par ces mots : « Tous les hommes libres, où qu'ils vivent, sont des citoyens de Berlin. Et c'est pourquoi, en tant qu'homme libre, je suis fier de ces mots : *Ich bin ein Berliner* ! » Il s'était entraîné une heure à prononcer ces mots en allemand.

Le Président se rend ensuite au point de contrôle Checkpoint Charlie, sur une estrade surplombant le « mur de la honte ». Côté Est, des banderoles ont été déployées, vantant les mérites du socialisme est-allemand et condamnant l'impérialisme américain. Mais ici, pas de public, seuls sont visibles les agents de la R.D.A., arme à la hanche et jumelles aux yeux.

Jusqu'au 9 novembre 1989, Berlin est resté le symbole d'une Europe coupée en deux. Ce jour-là, la chute du Mur concrétisa le vœu de Kennedy, assassiné cinq mois après son discours.

Source : Discours de Berlin du 26 juin 1963 (vidéo sur *americanrhetoric.com*).

« Je fais un rêve. »

Martin Luther King, en 1963

Pendant la guerre de Sécession en 1863, le gouvernement fédéral d'Abraham Lincoln (nordiste) avait émancipé les Noirs américains. Mais cent ans plus tard, la ségrégation les empêche toujours d'exercer leurs droits civiques dans les États du Sud. Le président Kennedy a fait de la lutte pour l'égalité raciale l'un de ses objectifs.

Le pasteur Martin Luther King Jr est un adepte de l'action non violente inspirée de Gandhi. Il appelle au boycott des transports publics qui pratiquent la ségrégation, à des occupations pacifiques et à des manifestations. Le 28 août 1963, sur les marches du Mémorial Lincoln de Washington, il prononce ces mots devant 250 000 personnes (dont 60 000 Blancs) : « Je rêve qu'un jour, sur les collines rouges de la Géorgie, les fils des anciens esclaves et les fils des anciens propriétaires d'esclaves puissent s'asseoir ensemble à la table de la fraternité. Je rêve qu'un jour, même l'État du Mississippi, un État qui étouffe sous la chaleur de l'injustice, qui étouffe sous la chaleur de l'oppression, soit transformé en une oasis de liberté et de justice. Je rêve que mes quatre jeunes enfants vivent un jour dans une nation où ils ne seront pas jugés à la couleur de leur peau, mais à la mesure de leur caractère. Je fais un rêve aujourd'hui ! Je rêve qu'un jour, là-bas en Alabama, avec ses racistes vicieux, avec son gouverneur aux lèvres dégoulinant des mots "interposition" et "annulation", qu'un jour, même en Alabama, les petits garçons noirs et les petites filles noires puissent joindre leurs mains avec les petits garçons blancs et les petites filles blanches, comme sœurs et frères. »

Pour le pasteur King, prix Nobel de la Paix, le rêve a tourné au cauchemar, assassiné par un malfrat blanc le 4 avril 1968. « Enfin libre », lit-on sur son tombeau. En 1983, le Congrès a voté un jour férié en son honneur. Aujourd'hui, le Noir, s'il est toujours plus pauvre que le Blanc, a gagné le droit au respect et à sa part du rêve américain.

Source : Martin Luther King, discours à Washington du 28 août 1963 (vidéo sur *americanrhetoric.com*).

« Vive le Québec libre ! »

Charles de Gaulle, en 1967

Les 21-22 juillet 1967, le président de Gaulle, parti de Saint-Pierre-et-Miquelon (deux îles françaises), remonte le Saint-Laurent à bord du croiseur *Colbert*. Le 23, il salue à Québec la « terre française du Canada » avec derrière lui deux étendards : celui de la France et celui du Québec, bleu roi aux fleurs de lys capétiennes. La feuille d'érable du Canada (majoritairement anglophone) est absente. Le lendemain, il prononce un discours au balcon de l'hôtel de ville de Montréal (« française » précise-t-il encore) devant une foule immense. Seul le drapeau de la France orne le balcon.

« Ce soir ici, et tout le long de ma route, je me trouvais dans une atmosphère du même genre que celle de la Libération, s'enflamme le visiteur. La France entière sait, voit, entend ce qui se passe ici. Vive Montréal ! Vive le Québec... Vive le Québec libre ! (suivent 25 secondes d'ovation) Vive le Canada français et vive la France ! » Le Premier ministre canadien Pearson, stupéfait, juge les propos « inacceptables », car ils encouragent « à détruire le Canada ». De Gaulle annule le reste de sa visite (vers la capitale anglophone Ottawa) et rentre à Paris le 27. Giscard d'Estaing, ex-ministre des Finances, dénonce peu après « l'exercice solitaire du pouvoir ». Aux référendums de 1980 puis de 1995, les Québécois ont dit non à l'indépendance de leur province.

« Une erreur impardonnable »

Le 22 janvier 2007, Ségolène Royal, rencontrant à Paris le chef du Parti québécois (indépendantiste) André Boisclair, évoqua leurs « valeurs communes, soit la liberté et la souveraineté du Québec ». « L'histoire nous montre, commenta le Premier ministre canadien Harper, qu'il est plus que déplacé qu'un dirigeant étranger intervienne dans les procédures démocratiques d'un autre pays. » De façon moins diplomatique, son prédécesseur Jean Chrétien s'estima « très déçu qu'elle ait soulevé ce tabou », « une erreur impardonnable ».

Source : Discours de Montréal du 24 juillet 1967 (vidéo sur *radio-canada.ca*).

« C'est un petit pas pour l'homme, un bond de géant pour l'humanité. »

NEIL ARMSTRONG, en 1969

Le 5 mai 1961, Alan Shepard est le premier Américain envoyé dans l'espace. Mais il a été précédé, le 12 avril, par le Soviétique Youri Gagarine. Le 25 mai, le président américain Kennedy fixe une « nouvelle frontière » à atteindre avant la fin de la décennie : envoyer un homme sur la Lune et le ramener sain et sauf. Et surtout, devancer l'U.R.S.S. dans cette compétition spatiale.

C'est chose faite le 21 juillet 1969, avec les trois astronautes de la mission Apollo XI. En posant un pied sur le sol lunaire, Neil Armstrong commente en direct : « C'est un petit pas pour l'homme, un bond de géant pour l'humanité. » Puis il livre ses premières impressions aux 500 millions de téléspectateurs : « La surface est fine et poudreuse... » Il assurera avoir préparé sa formule dans les heures qui ont précédé l'alunissage. Pourtant, à bien y réfléchir, la phrase ne veut rien dire. « L'homme » et « l'humanité » ne sont-ils pas synonymes ? Interrogé, Armstrong prétend donc avoir dit « un homme » (*a man* au lieu de *man*). Puis, avec les années, il se fait une raison : sa langue avait sans doute fourché.

Il a fallu attendre le mois d'octobre 2006 pour connaître l'épilogue de ce mystère. L'enregistrement original de l'événement, perdu puis retrouvé par la Nasa, a été analysé par un logiciel acoustique. L'article « un » a effectivement laissé sur la bande une trace infime. Armstrong a donc bien dit « un homme ». Pourquoi l'article a-t-il été rendu inaudible lors de la transmission vers la Terre ? Sans doute parce qu'Armstrong avait prononcé trop rapidement ces quelques mots. « Je pense que c'est une conclusion convaincante », a estimé l'astronaute retraité.

Sources : Télédiffusion du 21 juillet 1969 (*ina.fr*).
Articles BBC des 2 et 3 octobre 2006 (*news.bbc.co.uk*).

« La France a peur. »

Roger Gicquel, en 1976

Le 30 janvier 1976, le petit Philippe est enlevé à Troyes, à la sortie de l'école. Pendant deux semaines, le ravisseur exige une rançon, déjouant tous les pièges. Un temps suspecté puis relâché, Patrick Henry, 22 ans, donne des interviews. Si jamais le petit a été tué, dit-il, il veut la peine de mort pour l'assassin. Le 17 février au soir, il est arrêté dans la chambre qu'il louait depuis peu. Le corps de l'enfant est dissimulé sous le lit.

« Bonsoir... », lance Roger Gicquel à l'ouverture du Journal télévisé de TF1 le lendemain. « La France a peur. Je crois qu'on peut le dire aussi nettement. La France connaît la panique depuis qu'hier soir, une vingtaine de minutes après la fin de ce journal, on lui a appris cette horreur : un enfant est mort. Un doux enfant, au regard profond, assassiné, étranglé... » Il répètera encore quatre fois « la France a peur ». « Oui, la France a peur et nous avons peur, et c'est un sentiment qu'il faut déjà que nous combattions, je crois, parce qu'on voit bien qu'il débouche sur des envies folles de justice expéditive, de vengeance immédiate et directe. Et comme c'est difficile de ne pas céder à cette tentation quand on imagine la mort atroce de cet enfant. »

Deux ministres souhaitèrent l'application de la peine de mort (Poniatowski à l'Intérieur et Lecanuet à la Justice). Une certaine presse titra : « La guillotine pour l'assassin du petit Philippe », approuvée par les trois quarts des Français.

La peine de mort condamnée

Maître Badinter a défendu le tueur d'enfant en 1977. Avec une plaidoirie enflammée, il a fait du procès Henry celui de la peine capitale. En sauvant la tête de son client, pourtant auteur du pire des crimes, Robert Badinter a fait vaciller la guillotine. En 1981, devenu ministre de la Justice, il abolit la peine de mort. À cette date, une large majorité de Français y était toujours favorable.

Source : Journal télévisé de 20 h sur TF1, du 18 février 1976 (*ina.fr*)

« N'ayez pas peur ! »

Jean-Paul II, en 1978

Le 16 octobre 1978, le conclave des cardinaux désigne le premier pape slave de l'Histoire, le Polonais Karol Wojtyla. Jean-Paul II vient de l'autre côté du Rideau de fer. Sa première allocution prononcée place Saint-Pierre à Rome le 22 octobre dresse le programme de son pontificat. Il lui donne aussi un mot d'ordre, qu'il répètera inlassablement pendant près de vingt-sept ans.

« Frères et sœurs, n'ayez pas peur d'accueillir le Christ et d'accepter sa puissance ! (...) N'ayez pas peur ! Ouvrez toutes grandes les portes au Christ ! À sa puissance salvatrice, ouvrez les frontières des États, les systèmes économiques et politiques, les immenses domaines de la culture, de la civilisation, du développement. N'ayez pas peur ! » Jean-Paul II reprend une parole du Christ consignée dans *L'Évangile de Matthieu*. Apercevant Jésus qui marche sur l'eau, dans la pénombre, ses disciples prennent peur et crient au fantôme. « Rassurez-vous, c'est moi, n'ayez pas peur ! », leur répond le Christ.

Les trois voyages du pape dans son pays natal en 1979, 1983 et 1987 contribueront à souder la résistance des Polonais, ouvriers et intellectuels, et à leur redonner courage face à la répression. Après l'effondrement du bloc soviétique, Mikhaïl Gorbatchev reconnaissait en 1991 : « Tout ce qui s'est passé en Europe de l'Est au cours de ces dernières années n'aurait pas été possible sans la présence de ce pape. » En 1998, à La Havane, Jean-Paul II fit acclamer le mot « liberté » par un million de Cubains. Il s'attira cet étonnant compliment de la part du Lider maximo Fidel Castro : « Oui, le pape vit avec la liberté pour laquelle le Christ nous a libérés. » Fidel non plus n'avait pas peur.

Sources : *Homélie de la messe d'intronisation* du 22 octobre 1978 (*vatican.va*).
Évangile de Matthieu, 14, 27.
Le Monde du 12 octobre 2003 (*lemonde.fr*).

« Je veux qu'on me rende mon argent ! »

Margaret Thatcher, en 1979

Premier ministre britannique depuis mai 1979, Margaret Thatcher fait monter la tension à l'automne, avant le sommet européen de Dublin. Elle estime en effet que les milliards de livres sterling versés au budget communautaire profitent aux pays disposant d'une agriculture puissante, dont la France. Elle réclame donc un allègement de la contribution britannique, son pays traversant une grave crise industrielle.

Le 26 novembre, la Commission européenne lui propose une ristourne du tiers. « Ce n'est même pas la moitié de la miche », commente-t-elle. Le 30, le sommet de Dublin se solde par un échec des négociations. La Dame de Fer s'explique en conférence de presse : « Nous sommes un pays pauvre (...). On demande à la Communauté qu'on nous rende notre propre argent. » Pressée par un journaliste du *Guardian*, elle est plus directe : « Ce que je veux, M. Palmer, c'est tout simple : je veux qu'on me rende mon argent. » La formule est lancée.

Margaret Thatcher maintiendra sa position inflexible pendant cinq ans. « Ah, Madame, il n'y a pas que vous qui soyez pauvre ! », s'agace François Mitterrand. Au sommet de Fontainebleau du 26 juin 1984, elle n'a pas varié d'un iota : « Nous ne demandons pas d'argent à la Communauté ou à qui que ce soit. Nous demandons simplement qu'on nous rende notre propre argent. » La presse anglaise ne la surnomme-t-elle pas Mrs Tina (*There Is No Alternative* : « il n'y a pas d'alternative ») ? Ce jour-là, de guerre lasse, ses neuf partenaires européens lui accordent son chèque : environ 5 milliards d'euros annuels (les deux tiers de la contribution), sans limitation de durée.

Le royaume est redevenu prospère et la ristourne a gonflé mécaniquement. Aujourd'hui, malgré les demandes pressantes des 26 autres États de l'Union européenne, il continue de la percevoir, comme au temps de la Dame de Fer.

Sources : Margaret Thatcher, *Statement at a Press Conference*, Dublin, 30 novembre 1979 (*margaretthatcher.org*).
Le Monde du 12 mai 2005 (*lemonde.fr*).
Article "The UK budget rebate" du 23 décembre 2005, BBC (*news.bbc.co.uk*).

« L'Amérique est de retour. »

Ronald Reagan, en 1984

La fin des années 70 scelle l'humiliation des États-Unis. Après la défaite américaine au Vietnam (1973-1975) et l'invasion soviétique de l'Afghanistan (1979), 52 Américains sont détenus en otage à l'ambassade de Téhéran. La crise pétrolière, l'inflation et le chômage accentuent le sentiment d'un déclin américain. En 1980, le président Carter, paralysé par le camouflet iranien, est battu par Ronald Reagan.

Heureux hasard (?), les otages sont libérés le jour de l'investiture du nouveau Président. D'emblée, Reagan montre sa détermination : « Notre répugnance pour le conflit ne doit pas être prise pour une défaillance de la volonté. Quand il sera nécessaire d'agir pour préserver notre sécurité nationale, nous agirons. »

En quelques années, l'Amérique contre-attaque. Elle finance la guérilla contre le Nicaragua sandiniste, envahit la Grenade pro-cubaine (dans les Caraïbes) et soutient massivement la résistance afghane. Avec le projet de bouclier anti-missiles (initiative de défense stratégique popularisée sous le nom de « guerre des étoiles »), Reagan lance un défi à l'U.R.S.S., qu'il sait en grande difficulté économique et technologique.

Dans son discours sur l'état de l'Union de janvier 1984, le Président dresse le bilan de trois années : « Il y a une énergie renouvelée et un optimisme à travers le pays. L'Amérique est de retour, se dressant bien droit, regardant les années 80 avec courage, confiance et espoir. » À la fin de l'année, les slogans « L'Amérique est de retour » et « C'est le matin en Amérique » annoncent la facile réélection du Président. Ronald Reagan triomphe aux yeux du monde.

Sources : Discours d'investiture du 20 janvier 1981.
Discours sur l'état de l'Union du 25 janvier 1984.

« Celui qui vient trop tard sera puni par la vie. »

Mikhaïl Gorbatchev, en 1989

Du 6 au 8 octobre 1989, les autorités communistes fêtent les quarante ans de la R.D.A. Mais depuis le début de l'année, 110 000 citoyens est-allemands ont fui vers la R.F.A, profitant de l'ouverture des frontières en Hongrie puis en Tchécoslovaquie. Les manifestations sont quasi quotidiennes dans les grandes villes, à Berlin-Est, Leipzig, Dresde et Magdebourg. Les arrestations et les dispersions au canon à eau n'y changent rien. Sur Alexanderplatz déserte, au cœur du pouvoir est-allemand, les orchestres jouent toute la journée.

Le vieux dirigeant Erich Honecker, au pouvoir depuis 1971, espérait que la visite du chef du parti soviétique Mikhaïl Gorbatchev lui apporterait un soutien précieux. L'initiateur de la Perestroïka lui donnera en fait le coup de grâce. Interpellé par des manifestants (« Aidez-nous ! »), Gorbatchev confie peu après à la presse occidentale : « Celui qui vient trop tard sera puni par la vie. Ceux qui savent écouter et baser leur politique sur des réalités ne doivent pas être effrayés par les difficultés. » Honecker, lui, dénonce un complot des médias ouest-allemands, soutenu par la montée du néo-nazisme...

La mise en garde de Gorbatchev est rapidement suivie d'effet. Dès le 18 octobre, Honecker démissionne « pour raisons de santé ». Après la chute du Mur le 9 novembre puis l'effondrement de la R.D.A, il se réfugie à Moscou. Mais en décembre 1991, c'est l'U.R.S.S. elle-même qui disparaît. Expulsé vers l'Allemagne réunifiée, il est emprisonné. Bientôt libéré « pour raisons de santé », il meurt en 1994, exilé au Chili. La prédiction de Gorbatchev s'est réalisée en tout point.

Sources : *Le Monde* du 8 octobre 1989 et du 31 mai 1994 (*lemonde.fr*).

« Maintenant, pour nous détendre un peu, je vais signer un décret suspendant les activités du Parti. »

Boris Eltsine, en 1991

Le 18 août 1991, un putsch dirigé par quelques nostalgiques de l'ordre soviétique renverse Mikhaïl Gorbatchev, le président de l'U.R.S.S., alors en vacances en Crimée. Mais ils oublient d'arrêter Boris Eltsine, le bouillant président de la Fédération de Russie. Celui-ci, hissé sur un char stationné dans les rues de Moscou, appelle à la résistance populaire. Le coup d'État échoue dès le 21. Gorbatchev, de retour dans la capitale, n'est plus que l'ombre de lui-même face au nouvel homme fort d'une U.R.S.S. agonisante.

Le 23, lors d'une séance houleuse du Parlement russe, Eltsine annonce négligemment, entre deux interventions : « Maintenant, pour nous détendre un peu, je vais signer un décret suspendant les activités du Parti. » Puis il invite son homologue soviétique, également secrétaire général du Parti, à venir contresigner l'acte. Gorbatchev, après avoir balbutié quelques protestations, s'exécute. Eltsine, en jetant le Parti communiste soviétique dans les poubelles de l'Histoire, s'offre ainsi une éclatante revanche. Trop engagé dans la Perestroïka, cet apparatchik avait été lâché quelques années plus tôt par Gorbatchev, sous la pression des conservateurs, et écarté du pouvoir non sans humiliation.

Une bouffonnerie enterre le Parti qui a incarné la révolution au XXe siècle. Le 8 décembre, c'est au tour de l'U.R.S.S. d'être annulée d'un trait de plume. Après une rencontre discrète dans une datcha près de Minsk en Biélorussie, les présidents russe, ukrainien et biélorusse « constatent que l'U.R.S.S. a cessé d'exister en tant que sujet de droit international et en tant que réalité politique ». Encore une fois, Gorbatchev n'a pas été consulté. Le 25, il démissionne d'une présidence fantomatique, au cours d'une cérémonie où l'étendard soviétique est amené une dernière fois du toit du Kremlin.

Sources : *Le Monde* du 25 août 1991 et du 25 avril 2007.

« Nous buterons les terroristes jusque dans les chiottes. »

Vladimir Poutine, en 1999

À la fin de l'été 1999, plusieurs attentats dans des immeubles de Moscou et Volgodonsk (sur le Don) tuent 300 personnes. Le président Boris Eltsine et son Premier ministre Vladimir Poutine attribuent ces actes aux rebelles tchétchènes, sans qu'aucune preuve n'ait été apportée à ce jour. Dès le 5 septembre, l'aviation russe bombarde la Tchétchénie, indépendante de fait depuis la première guerre russo-tchétchène (1994-1996). La seconde guerre a commencé.

Le Premier ministre, nommé au mois d'août et encore peu connu du public russe, se distingue par des déclarations à l'emporte-pièce. Ainsi, en visite au Kazakhstan, à Astana, le 24 septembre : « Nous allons pourchasser les terroristes partout. Dans un aéroport ? Alors dans l'aéroport. Cela signifie, vous m'excuserez, que si nous les attrapons dans les toilettes, eh bien par conséquent, nous les buterons dans les chiottes. C'est tout, la question est définitivement close. » Plus tard, la fuite de la population tchétchène lui inspire ce commentaire : « Les Tchétchènes ne fuient pas les bombes russes, mais leurs propres bandits. Ils ont voté avec leurs pieds pour la Russie. »

L'instrumentalisation du conflit par le Kremlin a parfaitement réussi. Le 31 décembre, Eltsine cède la présidence à Poutine, désormais très populaire, avec la garantie de passer une retraite paisible. L'homme de Poutine en Tchétchénie, le président Akhmad Kadyrov, déclare en 2003 : « Le président russe a dit il y a quatre ans qu'il fallait les combattre jusque dans les chiottes ; je dis que nous les combattrons jusque dans le ventre de leur mère. » Trois ans après son assassinat, son fils Ramzan lui succède en février 2007. Jusque-là, il s'était illustré à la tête des Kadyrovtsi, une milice responsable de viols, d'enlèvements, de tortures, d'assassinats et de trafics mafieux. Celui-là ne fait pas de phrase.

Source : Propos de Poutine insérés dans le documentaire « Attentat contre la Russie », de Jean-Charles Deniau (2000). Script en russe (*somnenie.narod.ru*).

« Et c'est un vieux pays, la France, d'un vieux continent comme le mien, l'Europe, qui vous le dit aujourd'hui. »

Dominique de Villepin, en 2003

Au début de l'année 2003, le président américain George Bush souhaite en découdre avec son homologue irakien Saddam Hussein. Pourtant, aucun lien du régime avec le terrorisme islamiste n'a pu être établi, ni aucun programme de destruction massive. Les « preuves » (photos satellitaires et fiole) du secrétaire d'État Colin Powell n'ont guère convaincu les Nations unies, dont la France et l'Allemagne. « La vieille Europe », ironise le secrétaire à la défense Donald Rumsfeld.

Le 14 février, devant le Conseil de sécurité de l'ONU, le ministre des Affaires étrangères Dominique de Villepin souligne que les inspections internationales portent leurs fruits : les capacités des missiles irakiens sont désormais connues, le régime autorise le survol du pays, ses scientifiques peuvent répondre aux inspecteurs, les contacts nucléaires sont connus… « N'oublions pas qu'après avoir gagné la guerre, il faut construire la paix (…). Une telle intervention, prophétise le ministre, ne risquerait-elle pas d'aggraver les fractures entre les sociétés, entre les cultures, entre les peuples, fractures dont se nourrit le terrorisme ? » Il conclut avec des accents gaulliens : « Et c'est un vieux pays, la France, d'un vieux continent comme le mien, l'Europe, qui vous le dit aujourd'hui, qui a connu les guerres, l'occupation, la barbarie. Un pays qui n'oublie pas et qui sait tout ce qu'il doit aux combattants de la liberté venus d'Amérique et d'ailleurs. »

Ce vibrant appel pacifiste est applaudi, ce qui est exceptionnel au Conseil de sécurité. Le 20 mars, la guerre commence. Aux États-Unis, le *french bashing* (humour anti-français) devient un sport national et les *french fries* (frites) sont rebaptisées *freedom fries* (« frites de la liberté »). Aujourd'hui, une large majorité d'Américains reconnaît que la vieille Europe n'était peut-être pas si mal avisée.

Sources : Intervention au Conseil de sécurité des Nations unies du 14 février 2003 (extraits au Journal télévisé de 19 h de France 3, du 14 février 2003 (*ina.fr*).
Texte officiel, très légèrement modifié par rapport aux propos tenus, sur *diplomatie.gouv.fr*.

« Mesdames et Messieurs, on l'a eu ! »

Paul Bremer, en 2003

Le 1er mai 2003, six semaines après le début de la guerre en Irak, le président américain Bush annonce à bord du porte-avions *Abraham Lincoln* que la guerre est finie. Au-dessus de lui a été installée une grande banderole « Mission accomplie ». Reste à capturer le dictateur en fuite.

Le 14 décembre au matin, Paul Bremer, l'administrateur civil des États-Unis en Irak, ouvre sa conférence de presse à Bagdad par ces mots : « Mesdames et Messieurs, on l'a eu ! » Les journalistes irakiens présents poussent des cris de joie et applaudissent. Saddam Hussein a été capturé la veille au soir dans une cachette souterraine aménagée dans sa région natale près de Tikrit. « Il a été pris comme un rat », commentera le général qui l'a capturé. Pour le proconsul Paul Bremer, « il est temps de regarder vers le futur, un futur d'espoir, un futur de réconciliation ». Le secrétaire à la Défense Donald Rumsfeld promet le jour même : « Personne ne doit s'inquiéter, il sera traité de façon humaine et professionnelle. » Les images diffusées montrent un homme résigné, à la barbe hirsute et aux yeux hagards. Un médecin fouille ses cheveux et examine sa bouche avec un baisse-langue et une lampe.

Condamné à mort par un tribunal irakien pour le massacre de 148 villageois chiites en 1982, Saddam Hussein est pendu le 30 décembre 2006. Lors de son exécution, plusieurs témoins crient vengeance au pied du gibet. « Va en enfer ! », lance un homme au tyran déchu. Ni paix, ni dignité, ni espoir, ni justice en Irak : l'enfer sur terre.

Source : *Text of Ambassador Bremer's Opening Remarks at the CPA Conference Center*, Baghdad, December 14th, 2003 (*cpa-iraq.org*).

La politique française sous la Ve République

« Ce n'est pas la girouette qui tourne, c'est le vent. »

EDGAR FAURE, vers 1966

Edgar Faure, qui a été deux fois président du Conseil sous la IVe République, accepte en 1966 le portefeuille de l'Agriculture dans le gouvernement Pompidou. L'opposition au régime gaulliste crie à la trahison et ses amis l'excluent du Parti radical, pour la seconde fois.

Amateur de bons mots, celui qu'on appelle « M. le Président » justifiera ainsi son ralliement au « général » : « Ce n'est pas la girouette qui tourne, c'est le vent. » Cet aphorisme est devenu l'un des plus célèbres de la vie politique française. Edgar Faure, grand amateur d'Histoire et avocat, s'est bien gardé de dire qu'il n'en était pas l'auteur. Le journaliste et avocat Camille Desmoulins écrivit en effet en 1791 : « J'ai pris avec Mirabeau tantôt la trompette et tantôt le fouet. C'est le privilège d'une maîtresse, qu'on ne puisse l'aimer ni la haïr à demi, mais on ne peut pas en conclure que j'aie jamais varié ; car ce n'est pas la girouette qui change, c'est le vent. »

« Mes approches sont constantes. J'ai quitté le Parti radical... plus exactement il m'a quitté », confia Edgar Faure une quinzaine d'années plus tard, avec son zézaiement et son éternelle pipe de Saint-Claude. Il se voulait l'homme des « majorités d'idées » (l'expression est apparemment de lui). Successivement radical-socialiste, républicain de gauche, radical, gaulliste (UNR), radical, giscardien (UDF), chiraquien (RPR), giscardien puis à nouveau chiraquien tout en siégeant au groupe Gauche démocratique du Sénat, il aimait souligner qu'après tout, la France n'était pas en guerre civile. Sa seule ambition : être utile à son pays. Et aussi, quand même : « C'est un merveilleux agrément – je ne m'en suis jamais lassé – que d'aller au boulot dans un palais historique. » À sa mort, en 1988, *Libération* titra : « Edgar change de bord ».

Sources : Camille Desmoulins, *Révolutions de France et de Brabant* (n° 72, avril 1791).
Émission « Apostrophes » du 19 novembre 1982, Antenne 2 (*ina.fr*).
Le Monde (*lemonde.fr*) et *Libération* du 31 mars 1988.

« La télévision, c'est la voix de la France. »

Georges Pompidou, en 1970

Le 2 juillet 1970, au cours d'une conférence de presse du président Georges Pompidou, un journaliste de *Combat* rapporte le malaise qui règne à l'ORTF (Office de radiodiffusion-télévision française) : pressions, démissions et mécontentement du personnel.

Le Président commence habilement par mettre les rieurs de son côté : « Je suis très loin d'être le premier téléspectateur de France (...). D'une façon générale, et cela depuis bien des années, je tiens à ménager mon équilibre nerveux. » Après les rires, la contre-attaque : « Nous n'avons jamais trouvé en France parfaitement l'équilibre de notre information. C'est peut-être dû au gouvernement... C'est peut-être dû aussi aux journalistes ! » Georges Pompidou rappelle qu'il a supprimé le ministère de l'Information ; pour lui, celle-ci doit bien sûr être libre, indépendante et impartiale. Mais il ajoute aussitôt : « Être journaliste à l'ORTF, ça n'est pas la même chose que d'être journaliste ailleurs. L'ORTF, qu'on le veuille ou non, c'est la voix de la France. C'est considéré comme tel à l'étranger et c'est considéré comme tel par le public. » Certes, il n'exige pas que ceux qui parlent sur les deux chaînes de télévision ou sur France Inter fassent l'éloge du gouvernement ou évoquent à tout propos les ministres (« rien de plus ennuyeux pour les téléspectateurs »). Mais il demande qu'ils adoptent « une certaine hauteur de ton et de pensée ».

La fin de l'ORTF

En 1974, son successeur Giscard d'Estaing démantèle l'ORTF, remplacée par sept sociétés... placées sous la tutelle du Premier ministre. Il faudra attendre les années 80 pour que le cordon soit coupé entre l'information publique et les cabinets ministériels. Aujourd'hui, France Télévisions et Radio France ne sont plus « la voix de la France ». Mais ils restent un service public.

Source : Conférence de presse de Georges Pompidou du 2 juillet 1970 (*ina.fr*).

« Travailleuses, travailleurs… »

Arlette Laguiller, de 1973 à 2007

« Eh bien oui, je suis une femme et j'ose me présenter comme candidate à la présidence de cette République d'hommes », annonce Arlette Laguiller à la télévision, en avril 1974. Elle est en effet la première candidate à cette élection. Exploitée à deux titres, précise-t-elle, en tant que travailleuse (employée de banque) et en tant que femme.

Elle demande sans grand succès, mais avec constance, que l'on prononce son nom Lagüiller, comme « aiguille » et non pas comme « anguille ». Pendant plus de trente ans, tous les discours de la porte-parole de Lutte ouvrière s'ouvriront par « Travailleuses, travailleurs… », toujours dans cet ordre. Elle ajoutera « Camarades et amis » pour faire bonne mesure.

Le programme de son organisation semble avoir été écrit dans les années 20 : « Les travailleurs devront détruire l'appareil d'État de la bourgeoisie, c'est-à-dire son gouvernement, mais aussi son parlement, ses tribunaux, sa police, son armée, et exercer eux-mêmes directement le pouvoir, car le bulletin de vote ne peut pas changer la vie. » Championne du nombre de candidatures à la présidentielle (6), Arlette Laguiller culmine à 5,7 % des voix en 2002, avec plus de 1,6 million de suffrages.

Après la présidentielle de 2007, Arlette Laguiller a passé la main. La fin d'une époque.

Qu'en pense Alain Souchon ?

Alain Souchon lui consacrera une chanson en 1993 :
« Les paroles bien sûr ont beaucoup d'usure,
Mais elle chante avec un air pur,
Elle nous suggère, la guerre, de pas la faire,
Que sur la terre les hommes sont des frères,
De partager les soucis, les chemises,
Et même si c'est des bêtises… »

Sources : Campagne électorale, 20 avril 1974 (*ina.fr*).
Le Monde du 15 mars 1995 (*lemonde.fr*).
Alain Souchon, « Arlette Laguiller », Virgin BMG Music.

« Vous n'avez pas le monopole du cœur. »

Valéry Giscard d'Estaing, en 1974

Le président Pompidou meurt le 2 avril 1974. Il faut donc organiser rapidement l'élection présidentielle. Deux hommes se retrouvent au second tour : Valéry Giscard d'Estaing, ministre de l'Économie et des Finances, libéral à tendance centriste, et François Mitterrand, pour l'union de la gauche, qui fut ministre sous la IVe République puis principal opposant au général de Gaulle sous la Ve République. Le débat du 10 mai est le premier du genre, suivi par 25 millions de téléspectateurs (pour 29 millions d'électeurs !).

Raillé comme « l'homme du passé » par son adversaire, le candidat de la gauche se rebiffe contre celui qu'il considère comme un grand bourgeois : « C'est aussi une affaire de cœur ! Il n'est pas acceptable qu'il y ait une petite catégorie de privilégiés. » Giscard réplique aussitôt : « Je vais vous dire quelque chose. Je trouve toujours choquant et blessant de s'arroger le monopole du cœur. Vous n'avez pas, Monsieur Mitterrand, le monopole du cœur, vous ne l'avez pas ! » Puis plus calmement : « J'ai un cœur comme le vôtre, qui bat à sa cadence, et qui est le mien. Ne parlez pas aux Français de façon si... blessante pour les autres. »

Cette réplique inattendue ne fit pas les titres des journaux le lendemain. Mais quand Giscard remporta l'élection du 19 mai, la phrase devint le symbole de son début de septennat. C'était un président assez jeune (48 ans), qui se voulait humain et attentif, sans arrogance, souhaitant « regarder la France au fond des yeux » et « rassembler deux Français sur trois ».

Source : Débat télévisé du 10 mai 1974 (*ina.fr*).

« La France vit au-dessus de ses moyens. »

Raymond Barre, en 1976

En août 1976, le président Giscard d'Estaing nomme à Matignon « le meilleur économiste français », selon ses propres mots. Le professeur Raymond Barre prend les commandes dans un moment difficile : la France connaît une forte inflation (plus de 10 %), le franc s'affaiblit et le chômage enfle dangereusement. On ne le sait pas encore, mais on vient de quitter les Trente Glorieuses.

Le 22 septembre, le Premier ministre (qui a aussi le portefeuille de l'Économie et des Finances) présente son plan pour redresser l'économie. Le ton est professoral, l'exposé très technique. En un mot : ennuyeux. Exposé des motifs : « La raison essentielle de la situation que nous connaissons tient en une seule formule : la France vit au-dessus de ses moyens. Les revenus augmentent plus vite que la production. Le crédit est distribué d'une manière trop abondante. Les dépenses de l'État excèdent ses recettes. » But : « Il faut que nous remettions l'économie française en ordre. » Solutions proposées : bloquer les prix, modérer les salaires, majorer les cotisations sociales, augmenter l'impôt sur le revenu et le prix de l'essence. « Le cap a été fixé. Il sera fermement tenu. » Le plan Barre (suivi de deux autres) mettra l'austérité à l'ordre du jour... pendant cinq ans. L'impopularité du Premier ministre va atteindre des sommets.

La dette de l'État

Quand Raymond Barre s'alarmait du déficit public, il représentait 2,7 % du PIB en 1975 et 1,4 % l'année du plan. Aujourd'hui, le seuil autorisé pour chaque pays de l'Union européenne est de 3 % par an. En trente ans, la France a pris l'habitude de vivre au-dessus de ses moyens. Quant à la dette colossale accumulée – on verra plus tard –, ce n'est plus une priorité. Homme solitaire, Raymond Barre est mort sans postérité.

Source : Allocution du 22 septembre 1976 sur TF1 (*ina.fr*).

« Le bilan des pays socialistes est globalement positif. »

Georges Marchais, en 1979

Secrétaire général du Parti communiste français depuis 1972, Georges Marchais soutient avec conviction les régimes socialistes d'Europe de l'Est. À l'occasion, il passe ses vacances au bord de la mer Noire, dans la villa de son ami le camarade Ceausescu, président de la Roumanie. En mai 1979, le PCF tient son XXIIIe congrès à Saint-Ouen.

Le 13 mai, le parti publie une résolution finale qui contient ces lignes : « À la question de savoir quel est aujourd'hui l'apport du socialisme au mouvement historique des pays concernés et à l'humanité dans son ensemble, nous répondons : le bilan des pays socialistes est globalement positif. » Au mois d'avril précédent, Georges Marchais n'avait pas hésité à condamner le « totalitarisme giscardien ».

Au début de janvier 1980, quelques jours après l'invasion des chars soviétiques en Afghanistan, il approuve cette nouvelle guerre engagée pour le socialisme. Dès lors, le secrétaire général va s'employer à défendre ce « bilan globalement positif », vaille que vaille, pendant près d'une décennie. À la fin de l'année 1988, soit moins d'un an avant la chute du Mur de Berlin, il déclarera encore que « le stalinisme n'a pas empêché que l'U.R.S.S. avance mais cela a créé des comportements, des habitudes, auxquels il faut résolument s'attaquer ».

Le déclin électoral historique du PCF a été amorcé à la fin des années 70. Il doit sans doute beaucoup à son bouillant secrétaire général. Désormais, l'expression « bilan globalement positif », quasiment proverbiale, est maniée avec précaution par les responsables politiques de tout bord.

Sources : Émission « Cartes sur tables » sur Antenne 2, du 23 avril 1979 (*ina.fr*).
Résolution finale du XXIIIe congrès du PCF (9 au 13 mai 1979).
Le Monde du 21 décembre 1988 (*lemonde.fr*).

« Vous, l'homme du passif. »

François Mitterrand, en 1981

Le 5 mai 1981, le débat télévisé de l'entre-deux tours de la présidentielle oppose à nouveau Giscard d'Estaing à Mitterrand. Mais sept ans plus tard, les conditions socio-politiques sont bien différentes. La France connaît une inflation à deux chiffres, un chômage ascendant et traverse une crise industrielle sans précédent. De grands secteurs historiques comme les charbonnages, la sidérurgie, le textile ou l'automobile sont menacés de faillite.

Après avoir posément replié ses lunettes, François Mitterrand reproche au Président de ne pas vouloir parler du passé, c'est-à-dire de ne pas vouloir faire le bilan du septennat. Il n'a pas oublié qu'en 1974, Valéry Giscard d'Estaing l'avait qualifié d'« homme du passé ». « Vous avez tendance un peu à reprendre le refrain d'il y a sept ans, l'homme du passé, poursuit le candidat socialiste. C'est quand même ennuyeux que dans l'intervalle, vous soyez devenu, vous, l'homme du passif. Cela gêne un peu votre démonstration d'aujourd'hui. » Il remet ses lunettes, sûr de son effet. Selon le sénateur Claude Estier, le candidat Mitterrand avait répété cette intervention avec lui en petit comité, juste avant le débat.

Avec la nette victoire de François Mitterrand au soir du 10 mai, Valéry Giscard d'Estaing deviendra – aussi – l'homme du passé. Après cette date, *Le Canard enchaîné* ne l'appellera plus que « l'Ex ». S'estimant, selon ses propres mots, « licencié » par les Français, l'ancien président aura désormais une idée fixe : justifier pour la postérité ce septennat synonyme de crise économique et de « passif ».

Source : Débat télévisé du 5 mai 1981 (*ina.fr*).

« Au revoir. »

VALÉRY GISCARD D'ESTAING, en 1981

Le 10 mai 1981, les Français n'ont pas réélu Giscard d'Estaing à la présidence de la République. Le 19, avant le Journal télévisé de 20 h, le Président battu s'adresse une dernière fois aux Français, depuis son bureau bleu de l'Elysée. Des fleurs sont posées sur la table. Cette allocution doit rester dans l'Histoire comme un passage de témoin apaisé et démocratique : « J'ai voulu que le changement se fasse dans les institutions républicaines ; j'accueillerai moi-même M. François Mitterrand. » Tout en précisant, à bon entendeur : « Je ferai en sorte de me tenir à la disposition du pays. »

Mais quelques mots et une image vont anéantir ses intentions dans l'opinion : « Je souhaite que la Providence veille sur la France », dit-il. La Providence, c'est-à-dire la protection de Dieu. Un mot bien peu républicain, qui sent trop l'Ancien Régime. Puis simplement, les yeux brillants : « Au revoir. » Après quelques secondes, il se lève, tourne le dos et sort de la pièce ; plan fixe sur la chaise vide et le bureau abandonné, au son de la Marseillaise, pendant plus d'une minute à l'écran.

À son corps défendant, Giscard d'Estaing laisse ainsi le souvenir d'un souverain hautain qui semble dire, comme la marquise de Pompadour à son amant Louis XV, « après nous, le déluge ». Il a eu maintes fois l'occasion de s'en expliquer par la suite : le départ et la chaise vide, c'était simplement pour donner un peu de dynamisme à l'allocution. C'était sans compter la puissance des images télévisées.

Source : Allocution télévisée du 19 mai 1981 (*ina.fr*).

« Il ne faut pas se contenter de dire : “des têtes vont tomber”... Il faut dire lesquelles et rapidement. »

Paul Quilès, en 1981

Cinq mois après l’élection de François Mitterrand à la présidence de la République, le Parti socialiste tient congrès à Valence du 23 au 25 octobre 1981. Une banderole est déployée dans la salle des orateurs : « Avec les socialistes, réussir le changement ». C’est en effet la première fois que la gauche accède au pouvoir sous la Ve République. Ce congrès restera comme celui des « coupeurs de têtes ».

Le premier jour, le jeune député Paul Quilès prononce un discours enflammé : « Personne ne nous saurait gré de laisser en place tous les hauts responsables de l’économie ou de l’administration, qui sont nos adversaires. Souvenons-nous qu’en politique, faire un cadeau de ce genre, c’est se condamner soi-même. Mais il ne faut pas non plus se contenter de dire de façon évasive, comme Robespierre à la Convention le 17 thermidor 1794 : “Des têtes vont tomber”... Il faut dire lesquelles et le dire rapidement ! » Paul Quilès, tout occupé à réclamer des têtes, a cité la date erronée du 17 Thermidor. Robespierre a en fait prononcé son discours le 8 Thermidor. Le député de Paris rappelle ainsi que l’Incorruptible avait fait ce jour-là un discours menaçant contre les « traîtres » et les « fripons » de l’assemblée. Mais Robespierre n’avait dénoncé personne en particulier, laissant planer la menace sur l’ensemble des députés. Cette erreur avait été exploitée dès le lendemain par ses ennemis, qui l’avaient arrêté puis envoyé à l’échafaud le surlendemain.

L’exhortation de Quilès suscite l’indignation à droite et la gêne au gouvernement. Le ministre de l’Intérieur Gaston Defferre précise aussitôt : « Notre juge à tous, c’est le peuple. Nous sommes condamnés à être solidaires, camarades. » Paul Quilès gagne pour longtemps le surnom de « Robespaul ». Mais celui qui voulait couper des têtes se révèlera plus tard un ministre assez modéré, tant à la Défense qu’à l’Intérieur et à la Sécurité publique.

Sources : Journaux télévisés de 20 h de TF1 et d’Antenne 2, du 23 octobre 1981 (*ina.fr*).

« Vous parlez au Premier ministre de la France. »

Laurent Fabius, en 1985

Le 17 juillet 1984, Laurent Fabius devient à 37 ans « le plus jeune Premier ministre donné à la France », selon les mots du président Mitterrand. Le 27 octobre 1985, pendant la campagne des législatives, il affronte lors d'un débat télévisé le maire de Paris et chef de l'opposition Jacques Chirac.

Alors que celui-ci s'exprime calmement et avec humour, Laurent Fabius paraît crispé et l'interrompt souvent. Depuis le mois de juillet en effet, l'affaire Greenpeace met l'État français et le Premier ministre en accusation. Cette nervosité suscite une mise au point du chef du RPR : « Ce n'est certainement pas vous, M. Fabius, qui allez me déstabiliser, vous l'imaginez bien. » À nouveau interrompu au sujet des nationalisations, il est plus incisif : « Soyez gentil de me laisser parler et de cesser d'intervenir incessamment, un peu comme le roquet, n'est-ce pas... » Fabius, indigné, répond : « Écoutez, je vous en prie, vous parlez au Premier ministre de la France ! Je vous en prie ! Je vous en prie ! Qu'est-ce que c'est que ce comportement ? » Il accompagne son propos d'un va-et-vient de la main, comme un puissant qui congédie un importun.

Pourtant, Jacques Chirac connaît bien la fonction de Premier ministre pour l'avoir exercée de 1974 à 1976. Il sera d'ailleurs appelé à succéder à son adversaire en 1986. « On apprend tous les jours », concède Laurent Fabius à la suite de sa prestation ratée. Fils d'un riche antiquaire parisien, il a longtemps pâti d'une image médiatique de grand bourgeois arrogant, « Giscard de gauche » pour d'aucuns.

Source : Débat télévisé sur TF1 du 27 octobre 1985 (*tf1.fr*).

« Nous allons terroriser les terroristes. »

Charles Pasqua, en 1986

Les élections législatives de mars 1986 se déroulent dans un climat de violence terroriste d'origine proche-orientale. Au début du mois de février, trois attentats parisiens blessent dix-neuf personnes. Le 8 mars, quatre journalistes d'Antenne 2 sont enlevés au Liban. Au moment où Jacques Chirac est nommé Premier ministre par François Mitterrand, la violence se déchaîne. Le 17 mars, on compte dix blessés dans le TGV Paris-Lyon. Le 20, une explosion dans une galerie des Champs-Elysées tue deux personnes et en blesse vingt-huit autres.

Le nouveau ministre de l'Intérieur Charles Pasqua répète à qui veut l'entendre que son équipe va terroriser les terroristes. L'expression, reproduite dans la presse écrite, fait aussitôt mouche dans l'opinion. Mais lorsqu'il intervient au Journal télévisé du 12 avril, il n'emploie pas ces mots, sans doute trop brutaux. « Il faut se donner les moyens de lutter contre ce fléau, explique-t-il posément. L'insécurité doit changer de camp et entre les terroristes et nous, eh bien, la guerre est engagée. » En guerre donc. Mais il souhaite aussi que l'on considère son ministère comme celui de la paix, en faisant référence aux gardiens de la paix.

Le 7 août suivant, l'Assemblée vote des « lois Pasqua » très répressives. Pourtant, une succession d'attentats ensanglante la rentrée. L'horreur culmine le 17 septembre devant le magasin Tati de la rue de Rennes à Paris, avec sept morts et cinquante et un blessés. Les rodomontades du ministre n'ont manifestement pas terrorisé les terroristes.

Sources : Journal de 20 h d'Antenne 2, du 12 avril 1986 (*ina.fr*).
Le Monde du 20 mars 1988 (*lemonde.fr*).

« C'est un point de détail. »

Jean-Marie Le Pen, en 1987

Jean-Marie Le Pen avait recueilli 0,75 % des voix à la présidentielle de 1974. Sept ans plus tard, il n'avait pu se présenter, faute de parrainages. Mais à partir de 1983, le Front national progresse aux élections grâce au thème de l'immigration, associée à l'insécurité et au chômage. Le 13 septembre 1987, le chef de l'extrême droite est l'invité du forum RTL-Le Monde.

Il se présente comme un passionné d'histoire de la Seconde Guerre mondiale. « Je me pose un certain nombre de questions, explique-t-il. Et je ne dis pas que les chambres à gaz n'ont pas existé. Je n'ai pas pu moi-même en voir. Je n'ai pas étudié spécialement la question. Mais je crois que c'est un point de détail de l'histoire de la deuxième Guerre mondiale... » Pressé de s'expliquer, il attaque : « La question qui a été posée... c'est... savoir comment ces gens on été tués ou non, n'est-ce pas ? Voulez-vous me dire que c'est une vérité révélée à laquelle tout le monde doit croire ? C'est une obligation morale ? Je dis qu'il y a des historiens qui débattent de ces questions. »

Le scandale est immense. Cinq jours plus tard, il se dit victime de « terrorisme intellectuel », d'un « procès en sorcellerie » mené par la presse et par un mystérieux « lobby de l'immigration ». La Shoah n'est qu'« un chapitre, une partie, un détail » de l'histoire de la Seconde Guerre mondiale. Toute l'habileté de l'homme est ici. Il se dit ancien résistant (à 16 ans). Il ne s'affiche pas négationniste, ce qui est puni par la loi. Il préfère relativiser le génocide dans le contexte de la guerre, en désignant les communistes comme complices du crime nazi. Or, rappelle-t-il, les communistes ont toujours droit de cité en France. Voilà l'ennemi.

Sources : Journal de midi d'Antenne 2, du 15 septembre 1987 (*ina.fr*).
Journal de midi d'Antenne 2, du 18 septembre 1987 (*ina.fr*).

« Mais vous avez tout à fait raison, Monsieur le Premier ministre. »

François Mitterrand, en 1988

Le second tour de la présidentielle 1988 offre une configuration inédite. Le président sortant (François Mitterrand) est opposé au Premier ministre (Jacques Chirac). Depuis deux ans, les deux hommes cohabitent au sommet de l'État, mais le 28 avril, ils s'opposent frontalement lors du traditionnel débat télévisé d'entre deux tours.

Jacques Chirac ne désigne son interlocuteur que par « M. Mitterrand ». Celui-ci remarque : « Moi, je continue à vous appeler M. le Premier ministre, puisque c'est comme cela que je vous ai appelé pendant deux ans, et que vous l'êtes. » Réponse de ce dernier, qui attendait visiblement cette mise au point : « Ce soir, je ne suis pas le Premier ministre, et vous n'êtes pas le Président de la République. Nous sommes deux candidats, à égalité, et qui se soumettent au jugement des Français, le seul qui compte. Vous me permettrez donc de vous appeler M. Mitterrand. » Et Mitterrand de répondre : « Mais vous avez tout à fait raison, M. le Premier ministre. »

Les Français comprennent que derrière la courtoisie, la cohabitation a été rude. Le débat atteint sa tension maximale sur la politique étrangère en dernière partie. Chirac : « Je vous trouve éreinté par la fureur concentrée. » Et puis : « Pouvez-vous vraiment contester ma version des choses en me regardant dans les yeux ? » Mitterrand, impassible : « Dans les yeux, je la conteste. » Mais lorsque Chirac s'emporte : « Je n'ai pas changé. J'applique une politique depuis deux ans, M. le Président ! », il a beau se corriger en répétant « M. Mitterrand », à cet instant, son adversaire a visiblement pris l'ascendant. Dix jours plus tard, il est réélu pour un second mandat.

Source : Débat télévisé du 28 avril 1988 sur Antenne 2 (*ina.fr*).

« La France ne peut pas accueillir toute la misère du monde. »

Michel Rocard, en 1989

En 1988, François Mitterrand nomme Michel Rocard Premier ministre. Son ancien rival socialiste est un partisan de la « deuxième gauche » qui veut assouplir l'idéologie du parti en s'inspirant de la social-démocratie réformiste.

Le 18 novembre 1989, il s'adresse à la Cimade, association d'aide aux migrants : « N'y a-t-il pas aujourd'hui un certain détournement du droit d'asile qui, s'il n'y est pas porté remède, finira par menacer l'existence de ce droit lui-même ? De 18 000 demandes en 1980, nous sommes passés à 28 900 en 1985, puis à 34 000 en 1988 pour atteindre un quasi-doublement en un an avec 60 000 demandes en 1989. (...). Il s'agit d'accueillir les personnes persécutées pour leur opinion et leurs engagements, notamment politiques, et elles seulement. » Le 3 décembre, il déclare sur TF1 : « Nous ne pouvons pas héberger en France toute la misère du monde... La France doit rester une terre d'asile mais pas plus. » Le 7 janvier, il va plus loin : « Aujourd'hui, je le dis clairement. La France n'est plus, ne peut plus être une terre d'immigration. Je l'ai déjà dit et je le réaffirme : nous ne pouvons accueillir toute la misère du monde. Le temps de l'accueil de main-d'œuvre étrangère relevant de solutions plus ou moins temporaires est donc désormais révolu. » On l'accuse d'abandonner les valeurs de la gauche.

En 1996, alors que des Maliens sont réfugiés dans l'église Saint-Bernard de Paris, l'ancien Premier ministre précise sa position : « La France ne peut accueillir toute la misère du monde, mais elle doit savoir en prendre fidèlement sa part (...). Ce rappel des contraintes pesant sur les responsables politiques a été perversement interprété comme un ralliement à une doctrine d'immigration zéro qui n'a jamais été la mienne. »

Sources : Émission « Sept sur Sept » sur TF1, du 3 décembre 1989.
Le Monde du 14 décembre 1989 et du 24 août 1996 (*lemonde.fr*).
Discours du 7 janvier 1990 (*vie-publique.fr*).

« Je suis responsable mais pas coupable. »

Georgina Dufoix, en 1991

Entre 1982 et 1985, plus de 6 000 Français hémophiles et transfusés sont contaminés par le virus du sida contenu dans des produits sanguins. Pendant des années, la justice recherchа les responsabilités de chacun dans une affaire complexe qui mêlait négligence, incompétence, souci d'économie budgétaire, recherche scientifique et « guerre des tests » entre laboratoires américain et français.

Le 4 novembre 1991, Georgina Dufoix, ancienne ministre des Affaires sociales et porte-parole du gouvernement Fabius (1984-1986), estime sur TF1 : « Je me sens profondément responsable ; pour autant, je ne me sens pas coupable, parce que vraiment, à l'époque, on a pris des décisions dans un certain contexte, qui étaient pour nous des décisions qui nous paraissaient justes. » Cette défense suscite l'indignation des victimes et de l'opinion.

Pourtant, elle exprime une logique que la Justice a confirmée. Plus de 570 hémophiles ou ayant droit ont été indemnisés dans des procédures civiles. Le retard des dépistages des produits et donc la responsabilité des pouvoirs publics ont été établis. En revanche, au pénal, on ne cherche pas le responsable d'une faute, mais le coupable d'un crime ou d'un délit. La Cour de cassation a estimé dans une décision de 1998 que « l'empoisonnement suppose l'intention de tuer », ce qui atténue la culpabilité pénale des responsables civils.

En 1999, on organisa le procès de trois anciens ministres pour « atteinte involontaire à la vie ou à l'intégrité physique des personnes » devant la Cour de justice de la République : Edmond Hervé (secrétaire d'État à la Santé) est condamné avec dispense de peine pour ne pas avoir ordonné à temps le dépistage et la destruction de stocks sanguins litigieux ; ses supérieurs, Laurent Fabius et Georgina Dufoix, sont relaxés. Poursuivie par le raccourci « responsable mais pas coupable », l'ancienne ministre a finalement abandonné la vie politique en 1993.

Source : Journal de France Inter de 7h30 du 8 février 1999 (*radiofrance.fr*).

« La Bourse, j'en ai rien à cirer. »

Édith Cresson, en 1991

Les dirigeants français ont souvent manifesté leur agacement face aux mouvements d'humeur de la Bourse. Alors qu'on lui expliquait en 1813 une situation déprimée, Napoléon lâcha : « Si la Bourse est mauvaise, fermez-la. » La Bourse ou la bouche, nul ne sait. Lors d'une célèbre conférence de presse, le général de Gaulle déclara : « En 62, elle était exagérément bonne. En 66, elle est exagérément mauvaise. Mais vous savez, la politique de la France ne se fait pas à la corbeille. » Après le remplacement à Matignon de Michel Rocard par Édith Cresson le 15 mai 1991, les cours flanchent.

Le *Journal du dimanche* publie dès le 19 une interview de la première femme Premier ministre de l'Histoire de France. « La Bourse, j'en ai rien à cirer », déclare-t-elle. Le soir même, invitée de l'émission « Sept sur Sept », elle corrige le tir : « C'est une boutade. La Bourse est un des paramètres de l'économie. Ce n'est pas le seul. »

Le propos était en fait une réponse à son chef de cabinet, tenu dans son bureau en présence de l'intervieweuse. Il n'était pas destiné à être rendu public, mais trop tard. Sorti de son contexte et utilisé comme repoussoir, il fera d'Édith Cresson une ennemie jurée du marché, aux méthodes abruptes. On lui prêtera d'autres propos à caractère homophobe ou xénophobe (dont il n'existe d'ailleurs aucun enregistrement ou source avérée) qui finiront de la déconsidérer dans l'opinion. Après dix mois, elle doit démissionner.

Un mot salutaire pour certains

Le mot sur la Bourse fut si populaire qu'il inspira le titre d'une émission satirique lancée à l'automne 1991 sur les ondes de France Inter. Tous les dimanches, pendant cinq ans, sous la baguette de Laurent Ruquier, « Rien à cirer » a permis de lancer quelques nouveaux talents dont Laurent Gerra, Virginie Lemoine et Laurence Boccolini.

Sources : De Gaulle, Conférence de presse du 28 octobre 1966 (*ina.fr*).
Le Journal du dimanche du 19 mai 1991.
Émission « Sept sur Sept » sur TF1, du 19 mai 1991.

« Je crois aux forces de l'esprit, et je ne vous quitterai pas. »

François Mitterrand, en 1994

Le 31 décembre 1994, François Mitterrand adresse ses derniers vœux de nouvel an aux Français, presque au terme de deux septennats passés à la tête de l'État. De façon assez classique, il s'appuie sur l'actualité pour rendre hommage aux forces vives de la nation : groupe d'intervention de la gendarmerie nationale (GIGN), armée, pouvoirs publics, syndicats... En revanche, la fin de son allocution prend une tonalité inédite.

Mains posées sur la table l'une sur l'autre en croisant les doigts, comme à son habitude, le Président détache lentement les mots. « L'an prochain, ce sera mon successeur qui vous exprimera ses vœux. Là où je serai, je l'écouterai... le cœur plein de reconnaissance pour le peuple français qui m'aura si longtemps confié son destin. Et plein d'espoir en vous. Je crois aux forces de l'esprit, et je ne vous quitterai pas. » Ses derniers mots sont pour ceux qui souffrent.

Après avoir lui-même longuement souffert de la maladie, François Mitterrand s'éteint le 8 janvier 1996. Cet amoureux de la littérature s'est-il malicieusement inspiré de Chateaubriand pour laisser ces mémoires d'outre-tombe télévisés ? A-t-il pensé à Victor Hugo qui lui aussi croyait aux forces de l'esprit et faisait tourner les tables à Jersey ? Nul ne le sait...

Le blog de l'au-delà

Pendant la campagne présidentielle de 2007, un blog prenant en exergue la phrase « Je crois aux forces de l'esprit, je ne vous quitte pas... » donna l'occasion au Président défunt de commenter l'actualité. « L'heure est venue pour moi de m'en retourner, conclut-il le 10 juin 2007. Ce qui s'est levé ne retombera pas et ce qui n'a pas eu lieu en 2007 s'accomplira en 2012. Je le souhaite de tout cœur. Pour ma part, j'ai dit tout ce que j'avais à dire, tentant d'éclairer de mon mieux le spectacle du monde qui va. »

Sources : Vœux télévisés du 31 décembre 1994 (*ina.fr*).
Blog : *Francoismitterrand2007.hautetfort.com*

« Je vous demande de vous arrêter ! »

Édouard Balladur, en 1995

À la fin de 1994, tous les sondages donnent le Premier ministre gagnant l'élection présidentielle du printemps. C'est ce qui décide Édouard Balladur à se lancer dans la compétition, quitte à affronter Jacques Chirac, au plus bas. Le chef du RPR (et qui est resté, théoriquement, le chef de la majorité parlementaire depuis 1993) déplore la trahison de son « ami de trente ans ». Mais au soir du premier tour, le 23 avril 1995, c'est un Premier ministre particulièrement énervé qui se présente devant les caméras.

« Ça suffit ! Taisez-vous, s'il vous plaît... », ordonne-t-il aux militants qui scandent son nom. Et pour cause : « C'est M. Chirac et M. Jospin qui seront présents au second tour de l'élection présidentielle. » Ces deux noms sont hués. Mais Édouard Balladur intervient sèchement, deux fois : « Je vous demande de vous arrêter ! » Et il appelle à voter pour Jacques Chirac.

Plantu, à la une du *Monde*, l'a souvent caricaturé en aristocrate perruqué en chaise à porteurs, sous le règne de Louis XV. La caricature s'est installée dans les esprits. Il est vrai que Balladur semblait bien mal à l'aise au contact du peuple, que ce soit dans le métro (« Je trouve qu'il fait chaud ») ou en se hissant sur une table en fin de banquet. « Je vous demande de vous arrêter » : cette phrase est tout à son honneur. Mais elle colle trop bien avec le personnage médiatique ; on l'a retenue en oubliant souvent son contexte. Et puis les Français, eux aussi, ne lui ont-ils pas demandé de s'arrêter ?

Sources : Soirée électorale du 23 avril 1995 sur Antenne 2 (*ina.fr*).
L'Humanité du 5 novembre 1993 (*humanite.fr*).

« Une fracture sociale se creuse. »

Jacques Chirac, en 1995

Lorsque la droite gagne les élections législatives en 1993, Jacques Chirac ne souhaite pas, à nouveau, diriger un gouvernement de cohabitation. Son « ami de trente ans », Édouard Balladur, prend cette charge et se présente en position de favori à l'élection présidentielle de 1995. En deux ans, le maire de Paris a pris du recul ; il a mûri un projet social, en rupture avec sa politique libérale passée.

Dès le mois de décembre 1994, au plus bas dans les sondages, il dénonce la « fracture sociale » qui menace la cohérence de la nation. Cette expression est empruntée au philosophe Marcel Gauchet. Dans son livre *La France pour tous*, publié au début du mois de janvier 1995, Jacques Chirac écrit : « Pour l'heure, l'État s'efforce de maintenir l'ordre et le traitement social du chômage évite le pire. Mais jusqu'à quand ? »

Le 17 février, Chirac prononce à Paris son discours fondateur de campagne. « La sécurité économique et la certitude du lendemain sont désormais des privilèges, constate le candidat. La jeunesse française exprime son désarroi. Une fracture sociale se creuse, dont l'ensemble de la nation supporte la charge. Oui, il existe aujourd'hui une France vulnérable, une France blessée, qui paie par le chômage et l'exclusion la facture de nos conservatismes. Alors je suis venu dire aux Français qu'il est temps de renoncer au renoncement ! »

En quelques semaines, ce programme suscite un immense espoir dans les classes populaires et chez beaucoup de jeunes. C'est pour résorber la « fracture sociale » que Jacques Chirac est élu président de la République le 7 mai 1995. La France compte alors 920 000 allocataires du revenu minimum d'insertion (RMI). Lorsqu'il quitte l'Elysée douze ans plus tard, ils sont 1 300 000.

Sources : *Le Monde* du 18 décembre 1994 et du 19 février 1995 (*lemonde.fr*).
Jacques Chirac, *La France pour tous*, 1995.

« Je reste droit dans mes bottes. »

ALAIN JUPPÉ, en 1995

Le 18 mai 1995, quelques jours après son élection à la présidence, Jacques Chirac nomme Alain Juppé à Matignon, qu'il avait présenté comme « probablement le meilleur d'entre nous » dès 1993. Mais le Premier ministre tarde à mettre en œuvre les mesures radicales promises par le candidat Chirac pour résorber la « fracture sociale ».

Au mois de juin, *Le Canard enchaîné* publie un document compromettant : Alain Juppé, à l'époque où il était adjoint au maire de Paris, a donné l'ordre à ses services de diminuer le loyer de son propre fils, logé dans un 80 m^2 de la ville de Paris. Il a par ailleurs refait le sien à neuf aux frais des contribuables parisiens. Interrogé à la télévision, le Premier ministre se dit « profondément blessé par tout ça ». Il conclut : « Eh bien, je reste droit dans mes bottes et je ferai mon travail. »

Cette expression a sans doute une origine militaire : les cavaliers devaient garder fière allure en restant bien droits sur leur selle et donc dans leurs bottes. Mais Alain Juppé est issu d'une famille de métayers landais. Peut-être s'agissait-il dans son esprit de bottes en caoutchouc...

L'expression fit florès. Quant à l'affaire de l'appartement, elle fut classée cinq jours plus tard par le procureur de Paris. Lionel Jospin, successeur et adversaire de Juppé, répliqua avec trois ans de décalage. Lors d'une séance de questions à l'Assemblée nationale, le 2 décembre 1998, il affirma qu'il y avait deux façons d'agir. « Il y a celui qui dit : "Je suis droit dans mes bottes". Et il y a celui qui préfère ajuster, reprendre et qui préfère dire : "Je suis souple dans mes baskets". » Conclusion : pour réussir l'ascension de l'Elysée, les bottes comme les baskets sont déconseillées.

Sources : Journal télévisé de 20 h de TF1, du 6 juillet 1995.
Le Monde du 8 juillet 1995 (*lemonde.fr*).
Journal télévisé de 19 h sur France 3, du 2 décembre 1998 (*ina.fr*).

« Il faut dégraisser le mammouth. »

Claude Allègre, en 1997

Après la dissolution ratée de l'Assemblée nationale en 1997, le président Chirac doit cohabiter avec un Premier ministre de gauche. Lionel Jospin nomme un proche au ministère de l'Éducation nationale, le géochimiste Claude Allègre. Le 24 juin, le nouveau ministre, fidèle à lui-même, présente son programme dans un langage très imagé. « Il faut dégraisser le mammouth », déclare-t-il, voulant « débureaucratiser » une administration encore trop souvent traitée d'« Armée rouge ».

L'Éducation nationale, premier poste budgétaire de l'État, emploie alors 1 069 000 personnels enseignants et administratifs. Quelques mois plus tôt, c'est un Premier ministre de droite, Alain Juppé, qui dénonçait la « mauvaise graisse » de la fonction publique.

Face à l'émoi suscité par ses déclarations dans le monde enseignant, Claude Allègre précisera : « Il ne faut pas faire d'erreur préhistorique. Il s'agit dans mon langage de l'administration centrale de l'Éducation nationale. Les professeurs n'ont rien à voir avec ça. »

Mais lorsque à la rentrée de septembre, il dénonce l'absentéisme des enseignants, en faisant un amalgame de chiffres divers (congés maternité, détachements, stages, maladies, etc.), la rupture est consommée. À la suite de forts mouvements de grève, Lionel Jospin craint de perdre une partie de son électorat traditionnel. Il décide de sacrifier son ami en mars 2000. Celui qui voulait « dégraisser le mammouth » a créé 70 000 emplois supplémentaires… et laisse son maroquin à un « éléphant » du PS, Jack Lang.

Sources : *Le Monde* du 25 juin 1997 (*lemonde.fr*).
Émission « Mots croisés » sur France 2, du 27 octobre 1997 (*ina.fr*).

« Des petits sauvageons qui vivent dans le virtuel. »

Jean-Pierre Chevènement, en 1998

Ministre de l'Intérieur depuis le 4 juin 1997, Jean-Pierre Chevènement affronte la multiplication par quatre des violences urbaines en quatre ans. Au début du mois de mars 1998, deux meurtres avec armes à feu impliquent des mineurs. À l'issue du conseil de sécurité intérieure réuni le 9 mars par le Premier ministre Lionel Jospin, Jean-Pierre Chevènement tient une conférence de presse.

Il s'agit désormais « de photographier, de filmer, d'identifier » les auteurs de violences (« une poignée qui détériore la vie collective »). Puis le ministre stigmatise longuement « des petits sauvageons qui vivent dans le virtuel. Ils passent plus de temps à regarder la télévision que devant leur maître d'école. Ils ne savent pas que quand on tire avec un pistolet, à la télévision cela ne fait pas mal. Dans la réalité, vous pouvez tuer. » Dès le 27 avril, il redéploie 3 000 policiers et gendarmes dans 26 départements sensibles afin de « supprimer les zones de non-droit ». Autres dispositifs avancés par la suite : « responsabiliser les parents », « apporter une réponse systématique, rapide et lisible à chaque acte de délinquance, quel qu'il soit. » En janvier 1999, il envisage d'enfermer les délinquants mineurs multirécidivistes dans des « centres de retenue » et de suspendre ou mettre sous tutelle les allocations familiales. Le Premier ministre écarte aussitôt cette idée.

Jean-Pierre Chevènement incarne désormais une gauche « républicaine et citoyenne » qui reprend à son compte certaines recettes classées traditionnellement à droite. En 2007, il a soutenu très activement Ségolène Royal. Il n'était pas étranger aux propositions d'encadrement militaire en centre fermé, de responsabilisation des parents et de sanction du premier acte de délinquance présentées par la candidate socialiste. Au grand dam d'une partie de la gauche…

Sources : *Le Monde* du 11 mars 1998 (*lemonde.fr*).
Circulaire interministérielle du 6 novembre 1998 (*legifrance.gouv.fr*).

« Qu'est-ce que l'homosexualité, sinon l'impossibilité d'une personne à pouvoir atteindre l'autre dans sa différence sexuelle ? »

Christine Boutin, en 1998

L'adoption du pacte civil de solidarité (PACS) a donné lieu à une longue bataille parlementaire en 1998-1999. Son adversaire la plus résolue, une Bible dans son sac à main, fut la députée des Yvelines Christine Boutin, militante anti-avortement et anti-euthanasie (ou « pro-vie »), experte auprès du Vatican sur les questions familiales.

Le 3 novembre 1998, son intervention à l'Assemblée nationale la rend célèbre. « L'organisation juridique du mariage est parvenue à une quasi-perfection, déclare-t-elle. Comme toute œuvre d'art qui est connue pour sa beauté et que l'on tente maladroitement de copier (...), on s'apprête à nous proposer une contrefaçon de l'institution du mariage. » Pour elle, « le PACS discrédite notre pays », « insulte la grande tradition juridique française » ; ce projet « né dans les milieux homosexuels » est « une chimère, un monstre ». L'homosexualité ? « Inféconde par nature, elle ne répond pas aux critères démographiques et éducatifs qui fondent les devoirs de l'État à l'égard du couple (...). En effet, qu'est-ce que l'homosexualité, sinon l'impossibilité d'une personne à pouvoir atteindre l'autre dans sa différence sexuelle ? » Sans parler d'un « fantasme narcissique d'auto-engendrement ». Mais comme chrétienne, Christine Boutin respecte les personnes homosexuelles, « d'autant plus qu'à l'origine de leur situation affective existe souvent la souffrance ». Conclusion : « Avec l'adoption de ce texte, on ouvrirait une véritable boîte de Pandore. Par une série de réactions en chaîne, c'est toute la cohérence du droit, mais aussi l'équilibre des finances de l'État qui seraient compromis. »

Un mois plus tard, le Premier ministre Jospin regrette à l'Assemblée le choix de l'opposition de confier ce dossier de société « à une députée marginale sur ces questions et outrancière dans ses propos ». Cette formule déclenchera les larmes et la colère de la députée.

Sources : Compte-rendu des débats à l'Assemblée nationale, 2e et 3e séances du 3 novembre 1998 (archives de la XIe législature sur *assemblee-nationale.fr*). Journal télévisé de 19 h sur France 3, du 2 décembre 1998 (*ina.fr*).

« Une histoire abracadabrantesque. »

Jacques Chirac, en 2000

« Aujourd'hui, on rapporte une histoire abracadabrantesque. » Le 21 septembre 2000 à Angoulême, ce joli mot-valise du Président (« abracadabrant » + « dantesque ») stupéfie Élise Lucet, la journaliste de France 3 qui l'interviewe. Pourtant, ce néologisme, soufflé à Jacques Chirac par son secrétaire général Dominique de Villepin, n'en est plus un depuis le XIXe siècle.

La duchesse d'Abrantès avait publié entre 1831 et 1835 ses *Mémoires* sur la Révolution, l'Empire et la Restauration, une sorte de roman-fleuve parsemé d'anecdotes invraisemblables. C'est pourquoi Théophile Gautier aimait railler la « duchesse d'Abracadabrantesque ».

Les admirateurs d'Arthur Rimbaud (dont fait partie Dominique de Villepin, poète distingué) connaissent aussi ce mot. « Ô flots abracadabrantesques, Prenez mon cœur, qu'il soit lavé. Ithyphalliques et pioupiesques, Leurs quolibets l'ont dépravé ! », écrivait en 1871 le lycéen rebelle de Charleville-Mézières, dans le poème « Le cœur volé » envoyé à son professeur.

En 2000, « abracadabrantesque » a agi comme un véritable mot de passe-passe (ce qu'il est tout de même pour moitié). Dans les jours qui suivirent l'interview, la presse déploya beaucoup d'énergie pour retrouver son origine et essayer de le définir correctement. Et l'on oublia le motif du scandale. Il s'agissait d'une mystérieuse cassette-vidéo, enregistrée quatre ans plus tôt par un promoteur, ancien membre du comité central du RPR décédé depuis un an, et qui accusait Jacques Chirac de malversations financières commises plus de quatorze ans auparavant alors qu'il était maire de Paris...

Sources : Interview télévisée du 21 septembre 2000 sur France 3 (*elysee.fr* et *ina.fr*).
Arthur Rimbaud, poème « Le cœur volé », 1871.

« Mon projet n'est pas socialiste. »

Lionel Jospin, en 2002

En 2002, Jacques Chirac sollicite un second mandat présidentiel, désormais quinquennal. Son principal adversaire semble être, comme en 1995, le socialiste Lionel Jospin. Celui-ci, qui a décrit le Président comme un homme « vieilli, usé, fatigué », dirige depuis 1997 un gouvernement de cohabitation, coalition avec les communistes, les verts et les radicaux de gauche qualifiée de « gauche plurielle ».

Au nom du pluralisme, Lionel Jospin encourage la multiplication des candidatures de gauche. Tous les partis de la coalition présentent des candidats. Dans cette situation insolite, le Premier ministre brouille davantage les pistes en déclarant dès le lendemain de sa candidature, le 21 février : « Je suis socialiste d'inspiration, mais le projet que je propose au pays, ce n'est pas un projet socialiste. Il est une synthèse de ce qui est nécessaire aujourd'hui, c'est-à-dire la modernité. Il faut épouser son temps. » Le Premier ministre semble ainsi tenir un discours de second tour (rallier toute la gauche et même au-delà), alors qu'il ne représente au premier tour que ses propres couleurs, socialistes...

Devancé de 0,68 % par Jean-Marie Le Pen, Lionel Jospin ne franchit pas la première étape. Les trois autres partis de son gouvernement totalisent 10,94 % des voix. À gauche, cette campagne électorale en ordre dispersé laisse un sentiment de gâchis.

Un programme socialiste

En 2007, le PS a retenu la leçon : les radicaux de gauche et le Mouvement républicain et citoyen de Jean-Pierre Chevènement soutiennent la candidate du parti. Ségolène Royal déclare solennellement : « Mon programme est socialiste ».

Sources : Journal télévisé de 20 h, du 21 février 2002 sur France 2 (*ina.fr*).
Le Monde du 23 février 2002 (*lemonde.fr*).
Journal télévisé de 20 h, du 22 avril 2002 sur France 2 (*ina.fr*).

« La France d'en bas. »

Jean-Pierre Raffarin, en 2002

Au lendemain de sa réélection le 5 mai 2002, Jacques Chirac nomme Jean-Pierre Raffarin Premier ministre. Peu connu du grand public, le sénateur de la Vienne et président du Conseil régional de Poitou-Charentes veut insuffler « une nouvelle gouvernance », comme l'annonçait le titre de son livre paru au mois de janvier.

Epaules rentrées, nez cassé, Raffarin se présente aux Français comme un responsable plein de bonhomie et proche de « la France d'en bas ». La formule, souvent utilisée, deviendra sa marque de fabrique. « Neuilly symbolise la France d'en haut », réplique-t-il à un Nicolas Sarkozy railleur, qui briguait sa place.

Friand d'expressions marquées au coin du bon sens, le Premier ministre distille une multitude de « raffarinades » en trois ans de gouvernement. Parmi celles-ci, on retiendra quelques lapalissades : « Les jeunes sont destinés à devenir des adultes », « Les veuves vivent plus longtemps que leurs conjoints », « L'avenir est une suite de quotidiens », ou, plus personnel : « Je dis aux jeunes : la fête, c'est la vie. La vie, c'est ton visage ! », et encore, « Je n'aime pas beaucoup ne pas être dans le logiciel central de moi-même. »

Mais, conséquence de la hausse du chômage et des réformes sur les retraites et l'assurance maladie, le Premier ministre devient impopulaire. Paradoxalement, celui qui se flattait en 2002 d'incarner « la France d'en bas » symbolisera auprès d'une majorité de Français « la France d'en haut ». Le non du référendum sur la Constitution européenne en 2005 scelle la fin de son mandat. La campagne électorale fut l'occasion de distiller d'ultimes raffarinades : « mon oui est plus qu'un non au non », ou encore, « le oui a besoin du non pour gagner contre le non » (en anglais dans le texte original).

Sources : *Le Monde* des 16 et 23 juin 2002, et du 20 janvier 2007 (*lemonde.fr*).
Dépêche AFP du 31 mai 2005.
Marianne n° 328, du 4 août 2003 (*marianne-en-ligne.fr*).

« Je décide et il exécute. »

Jacques Chirac, en 2004

À l'occasion de l'entretien télévisé du 14 juillet 2004, le président Chirac fut d'une rare dureté au sujet d'un ministre appartenant à sa propre majorité. Nicolas Sarkozy, alors ministre de l'Économie et des Finances, avait en effet l'intention de prendre la présidence de l'UMP, le grand parti créé par le Président après sa réélection en 2002. Ne pouvant empêcher cette dépossession de fait, Jacques Chirac posa une condition : dans ce cas, le ministre démissionnerait, au nom de la règle du non-cumul des fonctions.

Nicolas Sarkozy avait quelques jours plus tôt proposé de tailler dans le budget de la Défense pour réduire le déficit public. La réponse publique du Président fut sèche : « Il n'y a pas de différend entre le ministre des Finances et moi, pour une raison simple, c'est que – notamment s'agissant de la Défense –, je décide et il exécute. » Jacques Chirac accabla son bouillant et populaire ministre : « Je ne laisserai pas les ambitions des uns ou des autres venir perturber l'action des trois années à venir. »

Le 28 novembre suivant, Sarkozy gagne l'UMP mais démissionne du gouvernement dès le lendemain matin. Après le référendum sur la Constitution européenne (voulu et annoncé par le Président ce 14 juillet puis perdu l'année suivante), Nicolas Sarkozy est revenu au gouvernement comme ministre de l'Intérieur, ministre d'État (numéro 2 protocolaire) du gouvernement Villepin. Outre cette fonction, il gardait ses mandats de président de l'UMP, de président du Conseil général des Hauts-de-Seine et d'adjoint au maire de Neuilly-sur-Seine. L'autorité du Président de la République était alors définitivement obsolète.

Source : Jacques Chirac, intervention télévisée du 14 juillet 2004 (*ina.fr*).

« Vous avez assez de cette bande de racailles ? »

Nicolas Sarkozy, en 2005

Le 25 octobre 2005 vers 22 h, le ministre de l'Intérieur effectue une inspection inopinée du commissariat situé sur la dalle de béton d'Argenteuil (Val d'Oise), au cœur d'une cité gagnée par le chômage et le sentiment d'abandon. Le déploiement des forces de l'ordre et des journalistes crée rapidement de l'agitation puis des rassemblements. Des habitants se plaignent de cette visite nocturne, d'autres l'approuvent. Quelques dizaines de jeunes suivent le cortège en lançant des injures et divers objets au ministre d'État.

Au quatrième étage d'une petite tour, une retraitée, Pierrette Chevalier, apostrophe Nicolas Sarkozy depuis son balcon, situé juste en surplomb du commissariat. C'est une admiratrice du ministre. Selon son témoignage, elle n'emploie pas le mot « racailles » dans la phrase qu'elle lui adresse. Le ministre lève les yeux vers elle : « Vous en avez assez, hein ?... Vous avez assez de cette bande de racailles ? Eh ben, on va vous en débarrasser... »

Nicolas Sarkozy s'en expliqua dès le lendemain : dans son esprit, ce terme ne stigmatise pas l'ensemble des jeunes des cités, mais seulement les voyous. Il était sans doute sincère. Mais en adoptant le langage des quartiers, il a creusé un gouffre. Aux yeux de beaucoup de jeunes des cités, le mot a sonné comme une déclaration de guerre. Pire : comme du mépris. Ces jeunes étaient-ils des délinquants ? A priori, pas plus que les étudiants qui injurient un ministre lors d'une manifestation. Il est vrai qu'en mai 68, De Gaulle avait déjà vilipendé la « chienlit » qui envahissait les rues. Après l'incident, Nicolas Sarkozy confia, bravache : « Puisque ma visite à Argenteuil a tellement plu, j'y retournerai. » Deux ans après, le ministre pas plus que le Président n'est retourné sur la dalle.

Sources : Journal télévisé de 20h, sur France 2 du 26 octobre 2005 (*ina.fr*).
Le Monde du 13 février 2007 (*lemonde.fr*).

« Ségolène Royal n'a qu'un seul défaut, c'est son compagnon. »

Arnaud Montebourg, en 2007

Pendant la campagne présidentielle, Arnaud Montebourg, porte-parole de Ségolène Royal, est invité au « Grand Journal » de Canal Plus le 17 janvier 2007. Quel est le plus gros défaut de la candidate ?, lui demande Michel Denisot. Il se lance : « Ségolène Royal n'a qu'un seul défaut, c'est son compagnon. » Silence interloqué sur le plateau. Montebourg précise : « Je pensais vous faire rire... »

Chacun avait pu constater que la candidate socialiste exprimait parfois des propositions ou des points de vue en désaccord avec le premier secrétaire du PS François Hollande (notamment sur le seuil d'imposition des contribuables les plus aisés). Mais le député de Saône-et-Loire Montebourg vient de briser un tabou et renforce la rumeur sur la solidité du couple. Au soir du second tour des législatives, Ségolène Royal annoncera d'ailleurs sa séparation.

Un couple au plus haut niveau de la vie politique, c'est une première en France. La question de la limite entre vie privée et vie publique se pose donc. Ainsi qu'une autre, celle de l'autonomie de chaque carrière.

Le couple Alliot-Marie/Ollier

Il existe un autre couple politique, plus discret. À l'occasion de l'affaire Clearstream en 2006, la ministre de la Défense Michèle Alliot-Marie estima qu'en citant le nom de son compagnon Patrick Ollier, député des Hauts-de-Seine, on cherchait à l'atteindre personnellement. Après avoir envisagé de se porter candidate et critiqué les méthodes de Nicolas Sarkozy à la tête de l'UMP, elle se rallia finalement à sa candidature le 12 janvier 2007. Pendant la campagne, Patrick Ollier a été élu président de l'Assemblée nationale (le 7 mars). Candidat à sa propre succession au mois de juin, il a néanmoins été désavoué par ses amis politiques. Bernard Accoyer a été élu au perchoir. C'est lui qui avait la préférence du nouveau président Sarkozy.

Source : « Le Grand Journal » de Canal Plus, du 17 janvier 2007.

« Je suis en colère. Il y a des colères très saines et très utiles. »

Ségolène Royal, en 2007

Le 2 mai 2007, le débat avant le second tour de la présidentielle entre Ségolène Royal et Nicolas Sarkozy fut musclé, comme le titra le quotidien *Libération* le lendemain. La scolarisation des handicapés suscita un échange particulièrement vif entre les deux candidats, point d'orgue de leur affrontement.

Nicolas Sarkozy promet qu'il donnera les moyens aux écoles pour accueillir tous les enfants handicapés. « Là, je pense que l'on a atteint le summum de l'immoralité politique », l'interrompt son interlocutrice. Elle rappelle que lorsqu'elle était ministre de l'enseignement scolaire en 1999, elle avait créé 7 000 postes d'auxiliaires d'intégration. C'est le gouvernement auquel appartenait son interlocuteur, accuse-t-elle, qui supprima le plan Handiscol et ses aides-éducateurs. « Je suis en colère », répète-t-elle plusieurs fois. Elle promet : « Il y a des colères que j'aurai même quand je serai présidente de la République, parce que je sais les efforts qu'ont faits les familles, qu'ont faits les écoles pour accueillir ces enfants qui aujourd'hui ne le sont plus. » Conclusion : « Il y a des colères très saines et très utiles. »

Sur le fond, les associations ont précisé dès le lendemain que la suppression des emplois-jeunes par le gouvernement Raffarin en 2002 avait effectivement troublé la scolarisation des handicapés pendant quelques mois. Mais de nouveaux dispositifs ont comblé ces lacunes puis amélioré le taux d'encadrement.

Les accents bibliques de Ségolène Royal

Sur la forme, cette « saine colère » rappelle la « sainte colère » qui anima Jésus lorsqu'il vit le Temple investi par les marchands. Ségolène Royal, bras en croix, avait déjà eu des accents bibliques lors du meeting tenu la veille au stade Charléty : « Rassemblons-nous, prenons-nous la main, aimons-nous les uns les autres... »

Source : *Le Monde* du 4 mai 2007 (*lemonde.fr*).
Article « Ségolène Royal, héritière de mai 68 », du 1er mai 2007 (*lexpress.fr*).

Index

M

Dans le cadre de sa politique développement durable, Jouve initie en 2007
une démarche visant à la certification ISO 14001.
Cet ouvrage est imprimé sur papiers Amber Graphic des papeteries Arctic Paper pour l'intérieur
et Ensocoat des papeteries Stora Enso pour la couverture.
Ces papiers sont fabriqués sur des sites papetiers certifiés ISO 14001
et enregistrés EMAS à partir de fibres d'origine de forêts gérées de manière durable.

Imprimé en France. - JOUVE, 1, rue du Docteur Sauvé, 53100 MAYENNE
N° 504831Z - Dépôt légal : Février 2010